Thomas Philipp

Wie heute glauben?

Thomas Philipp

Wie heute glauben?

Christsein im 21. Jahrhundert

Mit einem Vorwort
von Peter Hünermann

HERDER

FREIBURG · BASEL · WIEN

Bildnachweis

S. 41: Bildarchiv Verlag Herder
S. 96: © Dron – Fotolia.com

www.herder.de

Einbandgestaltung: Finken & Bumiller, Stuttgart
Satz: Barbara Herrmann, Freiburg im Breisgau
Grafik: Jonas Beuchert, Stuttgart
Herstellung: fgb · freiburger graphische betriebe
www.fgb.de
Gedruckt auf umweltfreundlichem, chlorfrei gebleichtem Papier
Printed in Germany

ISBN 978-3-451-32348-5

In dankbarer Erinnerung an
P. Theophil Lamm
(1906–1993)
Benediktiner in Münsterschwarzach

Inhalt

Vorwort

von Peter Hünermann

Die vorliegende Einführung in das Christentum entspringt der pastoralen Erfahrung eines Studentenseelsorgers, der seit Jahren an der Universität Bern wirkt und täglich erlebt, wie fern vielen Menschen heute das Christentum ist. Ihre individuelle Erfahrung, ihr Suchen nach Identität findet keine entsprechende deutende Antwort, kein entsprechendes Weggeleit.

Der Verfasser, von seiner Ausbildung her Theologe und Psychologe, wählt einen besonderen, bislang so nicht begangenen Weg. Er stellt in den Mittelpunkt die Frage nach der Identität: die Suche des modernen Menschen nach der eigenen Identität und die Suche nach der Identität der Christen und des Christentums.

Den Ansatz findet der Verfasser bei Karl Rahner vorgezeichnet, übernimmt ihn aber in einer höchst eigenständigen Weise: ausgehend von der Erfahrung des menschlichen Innenraums sucht er die Erfahrung Gottes, die Erfahrung des Geistes und des Wortes zu benennen und zu beschreiben. Es ist die »dreifache Gegenwart« Gottes, die dem modernen Menschen den Weg in seine Identität zeigt und den Weg des Glaubens gehen lässt.

Dieser Weg hat eine Analogie in der Bekehrung des Ignatius von Loyola. Ignatius wurde auf seinem Krankenlager aufmerksam auf die inneren Regungen seines Geistes. Er erfuhr, welche Regungen ihn zum Frieden, zur Übereinstimmung mit sich selbst, zur inneren Freude brachten. Er lernte so, in der Achtsamkeit auf sein Inneres, den Willen Gottes und seinen Anruf zu unterscheiden und damit zur eigenen Identität in der Übereinstimmung mit Gott zu finden. Entsprechend skizziert der Verfasser im zweiten Kapitel unter dem Stichwort: »Dreifache

Gegenwart«, wie der Mensch – gerade im Innesein seiner Grenzen – Erfahrungen macht, etwa »im Spruch des Gewissens, das sich von Nützlichkeiten nicht bestechen lässt. In einem Verliebtsein, das alle Grenzen hinter sich lassen will. In der Sehnsucht, die größer ist als alles, was menschliches Organisieren erreichen kann« (S. 31). Das ihn umgebende Dunkel, das Nichts von Irgendetwas, in das hinein er geöffnet ist, erweist sich als Geheimnis, in dem er verbindlich angesprochen ist, bewegt und verpflichtet wird auf das Gute. Das christliche Zeugnis spricht davon, wie Gott in dieser Erfahrung den Menschen anrührt, wie sein Wille den Menschen in die Verantwortung ruft. Im Eingehen auf diesen Willen Gottes macht der Mensch die Erfahrung des Geistes und die Erfahrung des ihn anredenden Wortes Gottes. Unter den letzten beiden Stichworten entfaltet der Verfasser die Erfahrung des Geistes: in der Unterscheidung der Geister, in der Entfaltung und Verwandlung der Freiheit, die sich damit verbinden. Er spricht von der Erfahrung des Wortes, die sich in der Begegnung mit Jesus Christus, mit seinem Tod und in seiner Auferstehung von den Toten ergibt.

Der zweite große Gedankenbogen sucht diese Erfahrungen in Bezug auf die Kirche als dem Ereignis der Kommunikation von Gott und Mensch, Mensch und Menschen zu thematisieren. Es sind die Grundlinien der Volk-Gottes-Ekklesiologie, die der Verfasser hier im Anschluss an das II. Vatikanische Konzil zeichnet.

Die große Anfechtung sieht der Verfasser in der gegenwärtigen »Krankheit des kirchlichen Amtes«. Er skizziert einige der großen Problemfelder kirchlichen Lebens, die aus der verengten Sicht der Kirche auf ihren äußeren institutionellen Charakter resultieren. Als Gegenbild zeichnet er dann das Christentum im Horizont der Weltreligionen, das heißt Kirche im geistgeleiteten Dialog mit den Menschen auf der Suche nach Gott.

Man darf dem Verfasser dankbar sein, dass er das Wagnis, einen solchen Zugangsweg zum christlichen Glauben entworfen zu haben, eingegangen ist. Eine Einführung ist immer gefährdet, da sie die einzelnen Schritte nicht im Detail begründen und vor

Missverständnissen abschirmen kann. Es würde damit der Einführungscharakter aufgehoben. Einführungen haben von dorther immer den Vorwurf mangelnder Absicherung zu gewärtigen. Sie geben sich gleichsam schutzlos allen möglichen kritischen Anfragen preis.

Die behutsame und umsichtige Sprache des Verfassers bezeugt allerdings, dass er seine Worte gründlich reflektiert hat. Der Zuspruch und das Geleit, das er anbietet, verrät Erfahrung und Leidenschaft in der Vermittlung des Evangeliums.

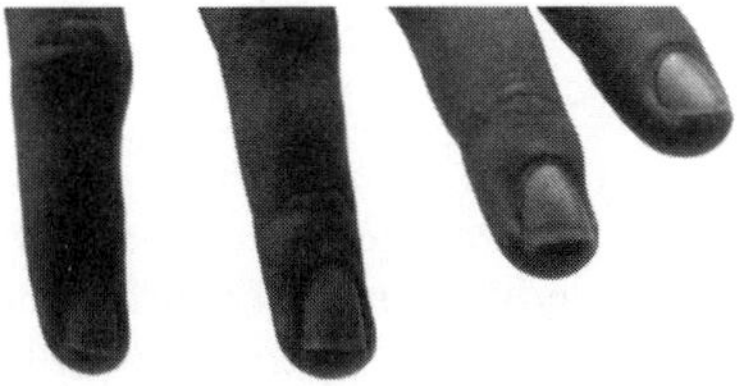

Christentum?

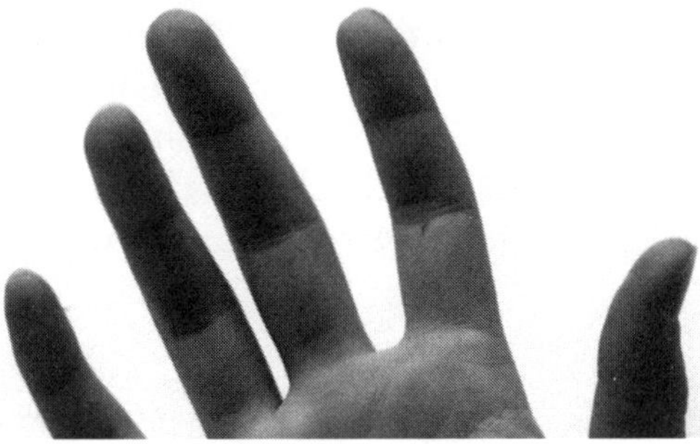

Theorien sind sehr gut, um Erfahrungen zu ordnen, aber wenn es keine Erfahrungen gibt, werden Theorien sehr schwach.
P. Adolfo Nicolás,
Generaloberer der Jesuiten, 2008

Als Paulus nach Ephesus kam, traf er einige Jünger und fragte sie: Habt ihr den heiligen Geist empfangen, als ihr gläubig wurdet? Sie antworteten ihm: Wir haben noch nicht einmal gehört, dass es einen heiligen Geist gibt.
Apg 19,2

Nebel der Ungewissheit

Was ist mit dem Christentum los? Nach vielen Jahrhunderten als führende Stimme des europäischen Bewusstseins ist es in die Defensive geraten. Umfragen zeigen, besonders bei der jungen Generation[1], ein immer geringeres Vertrauen in die Institution Kirche. Die Zahl junger Menschen, die sich für einen kirchlichen Beruf oder das Ordensleben entscheiden, ist in einem langfristigen Abwärtstrend gefangen. In den meisten Gemeinden geht das Engagement zurück. Die Schließung zahlreicher Kirchen macht das Schwinden sinnfällig. Ist das Christentum überholt, nicht mehr fähig, zum Freiheitsniveau unserer Zeit zu sprechen?

Im Vergleich zum Islam wirkt das westliche Christentum nach 200 Jahren Religionskritik blass, ja ausgelaugt. Beinahe jede Frage kann von Christen so oder anders beantwortet werden; zahlreiche Ansätze stellen einander in Frage; wörtlich zu nehmen ist kaum noch etwas. Freiräume und Interpretationen so weit das Auge reicht: doch wer füllt sie? Eine Fülle, die diese Konturlosigkeit tragen, ja allererst lebbar machen kann, scheint nicht in Sicht. Die Identität ist unklar, die Begeisterung ermattet, die Identifikation verliert an Feuer. »Die Frage, was eigentlich Inhalt und Sinn christlichen Glaubens sei, ist heute von einem Nebel der Ungewissheit umgeben wie kaum irgendwann zuvor in der Geschichte«[2]: Mit diesen Worten eröffnet Joseph Ratzinger 1968 seine Einführung in das Christentum. 30 Jahre später schließt Eugen Biser sich an: Das Christentum befinde sich in einer Identitätskrise, womöglich in der tiefsten seiner Geschichte[3]. Der Saftlosigkeit scheinen nur biblizistische und fundamentalistische Interpretationen des Christentums zu entgehen; diese jedoch bewegen sich nicht auf dem Aufklärungs- und Freiheitsniveau der westlichen Gesellschaften. Sie sind nur in scharfer Abgrenzung möglich, in der Sozialform des Ghettos.

Viele Menschen bringen heute nur oberflächliche Erfahrungen mit dem Christentum mit. Sie kennen es vorwiegend aus den Medien. Das mediale Gesicht der Kirchen bringt sie selten auf die Idee, dass das Christentum etwas mit ihrer Sehnsucht zu tun haben könnte. Jenseits punktueller Rituale und Highlights zeigt das Christentum dem Menschen von heute, besonders der Jugend, ein wenig zugängliches Gesicht. Dieses Buch möchte Sehnsucht und Institution ins Gespräch bringen, indem es sich des eigenen Vertrauens, Hoffens und Liebens vergewissert. In der Studierendenseelsorge in Bern entstanden, richtet es sich an Menschen, die ihrer Sehnsucht näher kommen und den kritischen Verstand einbeziehen möchten.

Wie kann ein Mensch, der zu denken gewohnt ist und von heute sein will, sagen: Ja, ich bin Christ und bin es gern? Ja, ich gehöre zur Kirche und kann sagen, warum? Ist es möglich, auf authentische und reflektierte Weise Christin zu sein? Wie könnte eine Identität aussehen, die eine Christin nicht von vornherein in ein Ghetto stellt?

Identität im Christentum?

Gegenfrage! Brauchen die Christen überhaupt so etwas wie eine Identität? Wird ihnen das Wesentliche nicht von außen gesagt, als Wort der Schrift, als Wort des Priesters? So dass das unterscheidend Christliche in einer unbegrenzten Offenheit für den anderen liegt, nicht in einer eigenständigen, fühlbaren Gestalt[4]?

Um die Rückfrage aufzunehmen, bedarf zunächst der Begriff »Identität« der Klärung. Nach dem bedeutenden Entwicklungspsychologen Erik Erikson ereignet sich Identität, wenn etwas wie ein größerer Zusammenhang Innen- und Außenwelt ergreift und als Einheit erfahren lässt. Identität ist das Gefühl, sich in einer Rolle zu finden, als Teil einer Gemeinschaft. »Das bewusste Gefühl, eine persönliche Identität zu haben, beruht auf zwei gleichzeitigen Beobachtungen: auf der Wahrnehmung der Selbstgleichheit und Kontinuität der eigenen Existenz in Zeit und Raum; und auf der Wahrnehmung der Tatsache, dass andere unsere Gleichheit und Kontinuität anerkennen.« Diese Erfahrung ist ein ursprüngliches Bedürfnis, »denn im sozialen Dschungel der menschlichen Existenz gibt es ohne ein Gefühl der Identität tatsächlich auch kein Gefühl, lebendig zu sein«. Seine Identität gibt einem Menschen einen Standpunkt, sie macht ihn selbstbewusst und handlungsfähig. Identität ist so etwas wie die Brücke zwischen Innen- und Außenwelt, gleichermaßen dauerhaft empfunden wie in Worten darstellbar – und zugleich mehr. Identität lässt sich nur andeutend aussagen; einer Definition entzieht sie sich. »Je mehr man über diesen Gegenstand schreibt, desto mehr wird das Wort zum Ausdruck für etwas, das ebenso unergründlich wie abwesend ist«[5].

Auch für Familien, Parteien, Unternehmen und religiöse Gemeinschaften gibt es im Dschungel der menschlichen Existenz ohne ein Gefühl der Identität keine Lebendigkeit und keine Handlungsfähigkeit. Humanwissenschaftlich oder einfach menschlich gesehen ist für das Leben der Christen eine lebendig empfundene und ausdrückliche Identität unverzichtbar.

Auch die Bibel rechtfertigt die Entscheidung, in die sensible Logik der Identität einzutreten, nämlich neben dem Wort von außen auch die Innenwelt als eigenständigen Erfahrungsraum ernst zu nehmen. Ja, es ist gerade die Bibel, die dem Innenraum seine tiefste Würde gibt. Denn sie bezeugt ihn als Ort ursprünglicher Gotteserfahrung. Anders als der Koran erhebt die Bibel nicht den Anspruch, der einzige Ort der Gotteserkenntnis und die alleinige Autorität zu sein. Das Alte Testament erfährt im Atem eine göttliche Kraft. Der Mensch kann ihn nicht machen und doch nicht ohne ihn leben. Er ist darauf angewiesen, die

Atemkraft so anzunehmen, wie sie sich ihm gibt. Im Verhältnis zu seiner Lebendigkeit erfährt sich der Mensch unmittelbar abhängig von einer göttlichen Gegenwart (Ps 104,27–30). Jer 31,31ff und Ez 36,26ff hoffen nicht darauf, dass das Wort Gottes schließlich alle überzeuge und gehorsam befolgt werde, sondern darauf, dass der Mensch von innen neu geschaffen werde. Zum Wort, so hoffen sie, möge eine Verwandlung von innen treten. Nach Paulus ergreift der Heilige Geist den Christen derart, dass es im Innersten zu seufzen, zu sehnen und zu beten beginnt. Das bezeugt dem Ergriffenen, dass er Kind Gottes ist (Röm 8,15ff). Das Wort, gar nur das geschriebene, ist längst nicht das Ganze: *Der Buchstabe tötet, der Geist aber macht lebendig* (2Kor 3,6). Hier gibt es etwas zu erfahren! Im Angesicht der Schrift ist es unmöglich, das Christentum als theoretische Angelegenheit zu verstehen, die nur den Gedanken zugänglich wäre oder nur von außen auf den Menschen zuträte. Das Christentum ist von vornherein eine Sache auch der inneren Erfahrung. Sie ist bei allen Christen, ja allen Menschen immer schon gegeben, und sei es nur als kaum bewusster Anfang. Es ist keineswegs so, dass nur fortgeschrittene Mystikerinnen zu dieser Erfahrung Zugang hätten. Ein wenig Achtsamkeit genügt, um Atem, Lebendigkeit und Sehnsucht unmittelbar zu erfahren. Die Heilige Schrift fordert die Entscheidung, von vornherein mit der Erfahrung des Geistes als ursprünglicher Quelle zu rechnen. Es ist also zutiefst christlich, Gott im Wechselspiel zwischen Innen- und Außenräumen zu suchen und nicht nur im Raum des Wortes, das von außen begegnet. Gerade die sensible Erfahrung menschlicher Identität und Identitätskrise ist ein Ort, an dem Gott anwesend ist und sich finden lässt.

Die Christen haben ihre Identität verloren

Den Faden bei Ratzinger, Biser und Grün wieder aufnehmend: Dem Christentum ist seine Identität verloren gegangen, die es selbstbewusst und handlungsfähig machte. Die Selbstwahrnehmung, allen Menschen eine erlösende Botschaft und Lebensform zu bieten, passt mit dem schwindenden Interesse an eben jener Botschaft und Lebensform überhaupt nicht zusammen. Ist es möglich, sich einen Reim auf jenes Auseinanderklaffen von Anspruch und Wirklichkeit zu machen?

Ein soziologischer und psychologischer Blick zeigt, dass neue Lebensverhältnisse den Menschen stark verändert haben, mit dem das Christentum kommuniziert. Der Vergleich eines Heranwachsenden um 1960 mit seinem Altersgenossen heute führt eine geradezu revolutionär gewandelte Lage vor Augen. Ersterer, in einem Dorf um 1960, hatte einige wenige Möglichkeiten, seine Freizeit zu gestalten – etwa bei den Schützen, Fußballern oder Messdienern. Wo er nicht selbst hinging, konnte er sich aus erster Hand bei Kameraden informieren. Dann genügte es zu sagen: Ich bin beim Fußball, denn da ist es gut. Besser jedenfalls als bei den Schützen! Es war keine Aussage über sich selbst notwendig, um sich angemessen zu orientieren.

Gut 50 Jahre später ist ein junger Mensch ungleich mobiler, physisch und virtuell stehen ihm Hunderte von Möglichkeiten offen. Nicht nur im Freizeitverhalten; Berufs- und Beziehungsleben stellen ihn vor eine vergleichbare Vielfalt. Die Kehrseite ist, dass er sich vor vielen Horizonten verantworten muss: Image, Beruf, Beziehung, Fitness, Gesundheit, Familie, Religion. Die Forderungen der Horizonte treten derart in Konkurrenz, dass er sich vor keinem mehr wirklich verantworten kann und darum an keinem mehr Halt findet. Es sei denn, er setzte willkürlich eine bestimmte – etwa politische oder religiöse – Ideologie als allein gültige. Dann jedoch findet er sich von der Umwelt mit dem Vorwurf des Fundamentalismus belästigt, so dass seine mühsam geordnete Welt wiederum in Frage steht. Er erreicht gerade nicht jenen tragfähigen Halt an gemeinsamen Werten, den es noch vor 50 Jahren auf dem Dorf oder in einer Kolpingfamilie wie selbstverständlich gab oder jedenfalls in einigen zentralen Fragen geben konnte.[6]

Über die meisten (Sinn-)Angebote kann sich der junge Mensch nicht aus erster Hand eine Meinung bilden – und muss sich doch orientieren. Er kann sich an Medien halten. Er kann vorsichtig tastend dies und das ausprobieren. Vor allem aber kommt er um die Frage nicht herum, was er eigentlich will, vor allen Möglichkeiten. Ohne eine wenigstens anfanghafte Klärung der Frage »wer bin ich, und was will ich« überrollt ihn die Vielfalt und Widersprüchlichkeit der Angebote. Er verliert sich. Um sich in der Flut überhaupt zu orientieren, muss der Mensch des 21. Jahrhunderts eine Vorstellung vom eigenen Selbst entwickeln, das er verwirklichen will, sei sie auch noch so vage. So erfährt er sich in grundsätzlich neuer Weise in seine Innenwelt geworfen. Er ist gezwungen, von hier aus die Kontinuität seines Daseins zu entwickeln. Deshalb hat die Achtsamkeit auf die Innenwelt Eigenstand und Gewicht gewonnen. Es ist geradezu logisch, dass esoterische Auffassungen in der pluralistischen Gesellschaft in erheblichem Maß Aufmerksamkeit beanspruchen.

Das Auftreten einer eigenständigen Sprache der Innenwelt ist erst die eine Hälfte des Umbruchs. Es lassen sich ja nicht einfach alle Fragen von innen her beantworten, auch wenn manche esoterische Positionen, im Christentum manche Texte von E. Drewermann, diesen Eindruck nahe legen. Die Welt der objektiven Erfahrungen und Gedanken hat keineswegs aufgehört, den Menschen von heute zu beanspruchen, im Gegenteil! Hier tritt etwas ganz Neues auf. Wichtige Entscheidungen können nicht mehr nur in einer Sprache bearbeitet werden, sondern nur noch als Dialog mehrerer Erfahrungs- und Sprachwelten. Innen- und Außenwelt relativieren einander gegenseitig. Gleich ob man den Verlust an klarer Orientierung beklagen oder den Gewinn an differenzierter Beziehung begrüßen will: Das Phänomen ist da, der Mensch von heute muss mit ihm leben und lebt mit ihm, auch wenn die Brücke zwischen Außen- und Innenwelt vor unerhörte Probleme stellt. Die eigenständige Frage nach Selbstverwirklichung hat alle Lebensbereiche vor Brüche und Entwicklungsaufgaben geführt: die Leserin denke nur an die Veränderungen in Partnerschaft und Ehe.

Hier stellen sich dem 21. Jahrhundert geradezu verzweifelte Fragen. Kann man überhaupt auf Versöhnung der beiden Erfahrungsräume hoffen? Lässt sich diese Hoffnung, gegen den Druck der offensichtlichen Erfahrung, irgendwie begründen? Oder müssen alle Antworten, seien sie esoterisch oder an der Außenwelt orientiert, auf verzweifelte Weise hinter der Sehnsucht nach umfassendem Zusammenhang zurückbleiben? Die Verwerfungen zwischen den Ansprüchen von Innen und Außen, die allgegenwärtige Zerrissenheit fragen zumindest schweigend nach dem Zusammenhang des Ganzen. Man sollte meinen, dass die Religion sich für diese Frage interessierte.

Ist es übertrieben zu sagen, dass das Christentum die neue Frage nach einer alles umfassenden Kontinuität noch kaum wahrnimmt – obwohl diese Frage das Zeug hat, zur zentralen religiösen Frage des 21. Jahrhunderts zu werden? Leider tritt das Christentum noch kaum in die sich eröffnenden subjektiven Welten ein. Die Kirchen klammern sich auf je eigene Weise an das objektiv Gegebene und stellen sich der subjektiven Erfahrung mehr gegenüber, ja entgegen, als dass sie ihr Form böten. Die Sprache der evangelischen Kirchen konzentriert sich auf das objektive Wort der Bibel *(sola scriptura)*; vor ihr sind alle wichtigen Entscheidungen zu rechtfertigen, so dass Gott den Menschen nur von außen zu berühren scheint. Nur sehr zögernd beginnt das evangelische Christentum, seine Wurzeln in der mystischen Tradition zu pflegen. Deshalb findet es nur langsam Zugang zur zeitgenössischen Suche nach Spiritualität. In den Freikirchen verschärft eine vordergründige Sprache die Wortlastigkeit. Hier scheint, in wenigen hundert Worten einer übersichtlichen Welt, alles Wesentliche immer schon gesagt und begriffen zu sein, so dass sich die dialogische Suche nach dem Willen Gottes erübrigt. Bei den orthodoxen Christen hat die Erfahrung des Geistes viel Gewicht. Aber sie verbleiben im Raum der Liturgie und zeigen wenig Interesse, in die pluralistische Erfahrungswelt einzutreten, sie von der Gegenwart des Geistes her zu lesen und sich von ihr durchdringen zu lassen. Die Entscheidungen der römisch-katholischen Kirche schließlich sprechen meist die Sprache eines furchtsamen Konservativismus und autoritärer Machtausübung; sie trauen der Verantwortung der Gläubigen wenig zu und verweigern sich wichtigen Werten der Zeit. Auch hier besetzt, ängstlich bewahrt, ein Stück Außenwelt die Mitte – der Machtanspruch von Papst, Bischof und Priester und ihrer Tradition. In all diesen Räumen darf die Selbsterfahrung das Wort von außen nicht wirklich kritisieren. Das heißt: Weitherum begnügt sich das Christentum damit, in der Erfahrung des Menschen des 21. Jahrhunderts ein Teil der Außenwelt zu sein. Da findet sich seine Freiheitserfahrung nur in Teilaspekten wieder. Das Christentum leistet also nicht, was man von einer Religion erwarten darf, dass sie nämlich die auseinanderstrebenden Erfahrungsbereiche in eine tragfähige symbolische Einheit fasst. Die Kommunikationsstrategien, denen sich die Christen heute anvertrauen, können gar nicht mehr erfolgreich sein, weil sie ihr Gegenüber aus den Augen verloren haben.

Immerhin: Einige christliche Schriftsteller, nicht von allen wohlgelitten, treffen den Ton, indem sie die Erfahrung der Innenwelt als Ausgangspunkt ihrer Sprache akzeptieren. Ihre Achtsamkeit für innere Zustände führt zu Ritualen, die Halt in einem größeren Gegenüber erfahren lassen. Einstweilen geschieht dies im weitgehenden Verzicht auf schlussfolgernde Theologie; sie bieten dem kritischen Verstand wenig Nahrung. Sie bleiben unpolitisch (P. Stutz, A. Grün) oder zeigen sich der Mehrschichtigkeit theologischer und politischer Konflikte nicht gewachsen (E. Drewermann). Demgegenüber arbeitet die akademische Theologie kritisch, aber schert sich nicht um die Sehnsucht, weil sie um die Objektivität ihrer Methoden und ihre Anerkennung als Wissenschaft fürchtet. Sie akzeptiert die Frage nach inneren Zuständen nur in Randbereichen. Die Bildung der Theologinnen ist weit stärker von der Geschichtswissenschaft als von der Psychotherapie inspiriert, weit mehr vom äußeren also als vom inneren Raum. Die Einführung in die Erfahrung des Geistes prägt weit schwächer als die Suche nach Gott in Räumen der Außenwelt.[7]

Heute verbindet sich, zum Schaden beider, die menschlich-geistliche Erfahrung nicht mit dem theologischen Begriff. Die denkende Auseinandersetzung verliert im Ghetto ihr lebendiges Fundament, ihre Attraktivität für die Jugend und ihre Bedeutung für die Gesellschaft. Deshalb wirken die Werke der Theologieprofessoren nicht mehr weit über das universitäre Milieu hinaus, wie es bis in die Achtzigerjahre noch gelang. Die geistliche Erfahrung hingegen zieht sich ins Kleinräumig-Individuelle zurück, als könnte sie Politik und Gesellschaft nicht prägen. Es fehlt heute eine ganze Literaturgattung, die zugleich der Sehnsucht Form, dem Handeln Richtung und dem kritischen Verstand Dialogfähigkeit bietet.

Das Grundproblem des Christentums ist heute, dass es sich als Lehre darstellt, der Mensch aber von seiner individuellen Erfahrung her denkt. Das Christentum genügt sich als klare und widerspruchsfreie Theorie, während der Mensch nach einer Identität sucht, in der sich seine persönliche Suche finden kann. Auch hier ist Widerspruchsfreiheit wichtig. Ebenso wichtig ist, dass Erlebnis und Wort sich zu einer Einheit verbinden, und dass sich das Christentum nicht in Machtkämpfe verbeißt mit Werten, welche die Identität dieser Zeit bestimmen, wie Frauenrechte, Transparenz der Machtausübung oder Gewaltenteilung. Das Verhältnis von theologischem Begriff und individueller Erfahrung ist das entscheidende Problem des zeitgenössischen Christentums. Hier entscheidet sich, ob die Sprache der Christen berührt und begeistert.

Das Christentum heute, Erfahrung einer umfassenden Kontinuität?

Da die Innenwelt des Einzelnen ein eigenständiger Raum der Erfahrung geworden ist, kann es kein zeitgenössisches Christentum geben, das nicht das Sichtbare und damit die sichtbare Kirche in einen größeren Zusammenhang stellte. Eine religiöse Identität muss heute ausdrücklich und konkret auf die individuelle Erfahrung der Innenwelt Bezug nehmen, um dem Einzelnen eine Kontinuität im Ganzen seiner Erfahrung zu bieten, um also überhaupt Identität zu sein und nicht nur Ideologie. Die Gegenwart kennt ein – noch recht neues – Wort für die entstehende Gestalt. Die Christen identifizieren sich vielerorts mit einer *Spiritualität*, die ein jeder aus der Kontinuität seiner Erfahrung verantwortet. Die Verwendung des Wortes umfasst freilich eine enorme Spannbreite von den Gebetstraditionen der Orden, die Jahrhunderte der Verfeinerung und Vertiefung in sich tragen, bis zu Befindlichkeiten, die bis zur Unkenntlichkeit unscharf bleiben.

Christ sein und zugleich Mensch von heute: diese Vision bedeutet keine falsche Anpassung an den Zeitgeist. Denn das Christentum ist dazu da, dieser Zeit eine dreifache Gegenwart glaubwürdig zu bezeugen. Es ist das Angebot einer Kommunikation. Kommunizieren aber bedeutet, Sprache und Welt des Gegenübers in ihrer Andersheit anzunehmen, ja in sie einzutreten.[8] Darum ist die Identität des Christentums in stetem Wandel begriffen. Jede Generation von Christen kommuniziert mit neu aufbrechenden Fragen. Die Fragen der Zeit relativieren die Frohe Botschaft und die Institution Kirche, im ursprünglichen Sinn des Wortes: Sie stellen sie in Beziehung (relatio) mit offenen Problemen und mit der Gegenwart des Geistes, die an je neuen Orten der Erfahrung aufbricht.[9]

Leider sitzt das Gespräch über wesentliche Teilfragen einer zusammenhängenden Identität auf Sandbänken fest. Welches Gewicht kommt der Erfahrung des Geistes im christlichen Bewusstsein zu? Worin besteht sie überhaupt? Wie sieht die Kirche ihr Amt? Wo wird die Einheit der Christen, die Ökumene, zu einer Erfahrung, die dauerhaft trägt und auf die man sich verlassen kann? Wer sich auf die Suche macht nach einer christlichen Identität, stößt auf viele halb bearbeitete Bruchstücke, die nicht darauf vorbereitet sind, sich in ein Ganzes zu fügen. Als ob sie sich selbst genügten: eigenständige Themen ohne lebendigen Zusammenhang. Wo aber der vitale Zusammenhang nicht einmal mehr vermisst wird, ist die Spannung zusammengebrochen. Eine solche Theologie kann niemanden begeistern.[10]

Das Leben der Christen hört gleichwohl nicht auf, ein lebbares Ganzes zu fordern, ein Bild, in dem es sich erkennen, in dem es Halt finden kann. Die Christen haben ein Recht darauf, dass Theologen ihnen lebbare Entwürfe vorlegen. Das lebendige Bedürfnis der Kirche unterwegs begründet die Methode des vorliegenden Werks. Sie muss viele Fragen einbeziehen, ohne sie auf fachwissenschaftlichem Niveau bearbeiten zu können.[11] Manche Elemente müssen energisch behauen werden, damit sie sich in ein Ganzes fügen. Das Vorhaben gleicht einem Torbogen, den viele Steine gemeinsam tragen, indem sie sich gegenseitig stützen. Die Form des einzelnen Steines mag wenig gefallen, zu überzeugen hat die Konstruktion in ihrer Gesamtheit. Ein Tor lädt als Ganzes zum Eintreten ein oder eben nicht. Es hat Sinn trotz manchem Mangel, bis ein anderer dem suchenden Menschen von heute einen überzeugenderen Eingang vorschlagen kann.

Nicht nur dem Volk Gottes, auch der theologischen Suche nach Wahrheit können Bruchstücke nicht genügen. »Keine Unterscheidung taugt etwas für die Erkenntnis oder kann eine Wirkung beschreiben, wenn sie sich nicht schließlich in einer organischen Sicht der Wirklichkeit auflöst. Unterscheiden, um als Einheit zu sehen! Die unvermeidlichen Abstraktionen wirken tödlich, wenn sie sich als Theorie und Richtschnur des Handelns selbst genügen«, so der Konzilstheologe Marie-Dominique Chenu 1946.[12] Auch eine wissenschaftliche Theologie braucht ein Bild ihrer selbst, das sie in ihren verschiedenen Vollzügen durchhält, so dass sie als Einheit erlebt werden. Maß solcher Identität ist die Kontinuität zwischen den verschiedenen Gesichtspunkten. Diesem grundlegenden Bedürfnis hat sich der Wissenschaftsbegriff der Theologie anzupassen. Es ist schädlich, wenn eine gegenständliche Vorstellung von Wahrheit und Erkenntnis die Synthese erst gar nicht zu suchen erlaubt.

Ist es dem Verfasser erlaubt, seinem Buch einen Wunsch mitzugeben? Der geneigte Leser möge sein Urteil nicht von dem einen oder anderen Glaubenssatz her beginnen, den er gut oder schlecht interpretiert sieht. Der Leser möge zuerst Stellung nehmen zu der geistigen Lage, in welcher das Christentum heute kommuniziert. Er möge sagen, ob die geistige Lage der Gegenwart wenigstens in einem wesentlichen Zug angemessen wahrgenommen sei oder nicht; und ob die Folgerung schlüssig sei, das Christentum könne heute nur überzeugen, wenn es dialogisch verfasst sei. Ist sie in einem ursprünglichen Sinne wahr? Von dieser Frage her stellen sich die einzelnen Bausteine gern dem kritischen Urteil.

Zwei eigenwillige Sprachformen versuchen der heutigen Gesprächssituation Rechnung zu tragen. Um dem Vorwurf exklusiver Sprache zu begegnen, wechselt der Text regelmäßig zwischen männlichen und weiblichen Subjekten. Die Leserin möge sich davon nicht verwirren lassen. Zweitens ist das Wort Kirche durch Machtkämpfe und statische Vorstellungen nur noch schwer verständlich. Wenn der Text betonen will, dass hier viele beteiligt sind und nicht nur die Spitze einer Institution, schreibt er »die Christen«. – Die Anmerkungen sind zum Verständnis des Buches keineswegs notwendig. Sie dienen lediglich der genauer interessierten Leserin als Bezugspunkte im theologischen Gespräch. – Die Identität des Christentums ist eine Geschichte. Wer ihren Verlauf im Zusammenhang interpretiert sehen möchte, oder wer in dieser Geschichte Hinweise auf das Recht des vorliegenden Versuches sucht, sei auf einen Überblick an anderer Stelle verwiesen.[13]

Das Christentum kann sich heute nicht mehr als Theorie verstehen. Ein Buch kann nur den sprachlichen Teil anbieten, in dem sich das Erleben wiederfinden kann. Wenn das Erlebnis sich im Wort findet – nur dann – entsteht Erfahrung. Religiöse Wahrheit soll sich möglichst klar und widerspruchsfrei darstellen; darum bemüht sich dieses Buch. Aber glaubwürdig wird sie erst, wenn einem Menschen gleichsam von innen her ein Licht aufgeht. Der Mensch kann etwas dazu tun, für jenes Licht empfänglich zu sein. Darum bietet jedes Kapitel der Leserin einen meditativen Zugang an. Er lädt ein, zu verweilen, achtsam zu sein und das Aufgenommene tiefer oder aus einer weiteren Perspektive wirken zu lassen – in einer Weise, die der Aufnehmenden gemäß ist. Damit kann sie einer möglichen Erfahrung einen Schritt entgegen gehen.

Anmerkungen

[1] Vgl. etwa Deutsche Shell Holding (2006); Beinert (2002) 10.

[2] Ratzinger (1968a) 7. Grün (2006) 9 macht sich diese Diagnose zu Eigen.

[3] Vgl. Biser (1997b) 9. 22.

[4] In diese Richtung könnte der Begriff des Christentums als reiner Gehorsam bei Balthasar (1965) deuten. – Unter Schweizer Reformierten ist gegenwärtig ein Selbstverständnis als offene Such- und Weggemeinschaft recht verbreitet, ohne dass synodale Texte die Formel bisher aufgenommen hätten. Auch sie trägt, da gänzlich inhaltslos, möglicherweise den Verzicht auf eine eigenständige Identität in sich.

[5] Erikson (1968) 45 (vgl. 205). 15. 7.

[6] Deshalb greift es nach Rouet (2009) 161 viel zu kurz, das Problem der Gegenwart als Verlust der Bezugspunkte zu verstehen. Das Problem liegt darin, dass es zu viele Bezugspunkte gibt! – Albert Rouet war unter Jean-Marie Lustiger Weihbischof in Paris und ist seit 15 Jahren Erzbischof von Poitiers. Er ist einer der profiliertesten und angesehensten Bischöfe Frankreichs. Seine Überlegungen zur Identität des Christentums treffen sich an wichtigen Punkten mit den hier vorgelegten.

[7] Um Theologin, Seelsorger oder Professorin zu werden, ist es nicht notwendig, sich ernsthaft auf einen der spirituellen christlichen Wege eingelassen und diese Erfahrungen reflektiert zu haben. Deshalb erstaunt das geringe Interesse an der therapeutischen Erfahrungstradition ebenso wenig wie die überschaubare Bereitschaft, sich von dem unglücklichen Propheten Drewermann betreffen zu lassen. – Indes ist mit Lehmann (1979) 200f im Blick auf die Erfahrung der Gnade »so gut wie von vorne zu beginnen, nämlich schon beim vieldimsionalen Erfahrungsbegriff«.

[8] »Man kann die Frohe Botschaft nur in der Form eines Austausches verkünden. Ich kann mich nicht mit jemandem austauschen, wenn ich seinen Wortschatz nicht kenne, seine Logik nicht begreife, nicht wirklich erfasse, was ihn lebendig macht.« Rouet (2009) 38, Übersetzung TP. Vgl. 61. 188.

[9] »Die Wahrheit wird in der Beziehung geboren. Der Relativismus lässt eine Missachtung der Beziehungen untergehen, die sie als unwesentlich ansieht.« Rouet (2009) 128, Übersetzung TP. – Vgl. ebd. 147: »Wenn (christliche) Identität nicht vom anderen her gedacht ist, der auf seine Weise anders ist, als ich erwarte, dann schließt sie den anderen aus.«

[10] Vgl. Chenu (1964a) 245.

[11] Entsprechend begründet Rahner (1976) 15–18 sein Grundkursprojekt.

[12] Chenu (1964b) 37, Übersetzung TP.

[13] Vgl. Philipp (2009).

Dreifache Gegenwart

Skizze einer christlichen Identität

Meine Überzeugung ist: Wo Konflikte sind, brennt das Feuer, da ist der heilige Geist am Werk. Das habe ich in der Begegnung mit vielen Jugendlichen erlebt.[1]

Carlo Kardinal Martini

Ich taufe Dich im Namen des Vaters, des Sohnes und des Heiligen Geistes! Die Taufformel setzt dreimal neu an – seit biblischen Zeiten (Mt 28,19). Das Glaubensbekenntnis des Konzils von Konstantinopel von 381, das die meisten Konfessionen anerkennen, hält es ebenso.[2] Ich glaube an Gott, den Vater … ich glaube an Jesus Christus … ich glaube an den Heiligen Geist. Damit ist die Grundstruktur des Christentums gegeben. Es bekennt die Gegenwart Gottes an drei Orten der menschlichen Erfahrung. Die folgenden Kapitel zeigen im Licht dieses Bekenntnisses eine dreifache Gegenwart, die für den Menschen von letzter Bedeutung ist. Der Mensch erfährt immer schon einen unbegreiflichen Horizont seines Bewusstseins und seiner Tat. Er steht immer schon im Strom einer Lebendigkeit, die seinem Gestalten voraus liegt. Und der Mensch erlebt den Mitmenschen immer schon als absolut bedeutsam.

Geheimnis, Geist und Gegenüber

Der Mensch erfährt Grenzen. Er stößt ans Ende seiner Möglichkeiten. Leiden und Tod, Sinn und Angst, Sehnsucht und Hoffnung stellen Fragen. Was bedeuten die Grenzen? Hat das Leiden einen Sinn? Und in alledem: Wie sich selbst annehmen? Die ursprünglichen Fragen führen weiter, als das Begreifen reicht. Der Mensch erfährt sich unausweichlich in einen Raum gestellt, in dem er mit den Haltungen des Begreifens und Beherrschens nicht durchkommt. Er begegnet einem unbegreiflichen Horizont seines Daseins. Hier öffnen sich tiefere, ursprünglich menschliche Alternativen: Vertrauen oder Misstrauen, Hoffnung oder Verzweiflung, Hingabe oder Verweigerung. Der Horizont als solcher sagt nicht, wie er zu deuten sei. Er sagt nicht, was er vom Menschen will, ja nicht einmal, dass er überhaupt etwas will. Er öffnet einen Raum unabsehbarer Weite, ist einfach da als Grenze des Bewusstseins, anwesend, schweigend, dunkel, unbegreiflich.

Das Christentum erzählt davon, dass in der Erfahrung des Horizonts, der Grenze, des Nichts dem Menschen ein heiliges Geheimnis nahe komme. Ein Geheimnis: Nichts nur Gedankliches, Nachträgliches, sondern eine ursprüngliche Gegenwart. Worte können sie erschließen, aber nicht hervorbringen.

Wie kann ein Horizont nahe kommen? Es liegt ja in seinem Wesen, dass er fern bleibt – während das Erkennen konkreter Anhaltspunkte bedarf, diesseits des Horizonts. Das Nahekommen ist auf zwei Wegen denkbar: Die Innerlichkeit eines Menschen kann sich verwandeln und damit seine Art zu sehen. Was nicht auf den ersten Blick zugänglich war, kann sich zeigen. Oder in der Außenwelt kann etwas auf das Geheimnis im Horizont hinweisen. Ein Wort, das einem gesagt wird, eine Begegnung, eine menschliche Gestalt. Das Christentum erzählt davon, wie sich im unbegreiflichen Horizont eine Gegenwart erschließt, als Vater und Mutter, indem sie zwei Hände ausstreckt. Das Geheimnis will den Menschen, dieses Stück Materie, von innen und von außen berühren, halten und gestalten zu seinem Bild: gerade so, wie ein Töpfer ein Gefäß formt.[3]

Eine Hand berührt den Menschen von innen. Es gibt die Erfahrung, im eigenen Innersten unbedingt gerufen zu sein. Im Spruch des Gewissens, das sich von Nützlichkeiten nicht bestechen lässt. In einem Verliebtsein, das alle Grenzen hinter sich lassen will. In der Sehnsucht, die größer ist als alles, was menschliches Organisieren erreichen kann. Im Anspruch, den seine Lebendigkeit an den Menschen stellt. In Herausforderungen und Entscheidungen, als Liebender ebenso wie als Gekränkter, als Staunender und Hoffender erfährt sich der Mensch zu Schritten veranlasst, die sich rational nicht angemessen begründen lassen. Gleichwohl erfährt er sie als unbedingt bindend. Diese ursprüngliche Erfahrung von Stimmigkeit kann durch kritische Auseinandersetzung klarer werden, ohne dass sie ihre geheimnisvolle Eigenart einbüßte. Diese Erfahrung nennt das Christentum Heiliger Geist. Es bekennt, dass Gott selbst als unmittelbare Erfahrung im Menschen Wohnung nimmt.

Die Erfahrung, unbedingt angesprochen zu sein, tritt auch in der Begegnung mit dem menschlichen Gegenüber auf: die zweite Hand des Vaters. In einem tröstenden Du. In einer Nähe, die sich öffnet und Halt gibt. In einem Wort, das einer sich nicht selbst sagen kann und das zu Herzen geht. Im Blick eines lieben Menschen. Im Anspruch, den das Leiden eines anderen stellt. In der Begegnung mit dem Anderen gibt es die Erfahrung, etwas eindeutig zu sollen, ohne dass es sich rational angemessen begründen ließe. Der Mitmensch, so bekennen die Christen, ist ein ursprünglicher Ort der Erfahrung Gottes. In Jesus Christus ist Gott Mensch geworden – und Mensch geblieben! Das Bekenntnis, der Mensch Jesus sei ganz und gar Gott, sagt etwas aus über jeden Mitmenschen. Im Matthäusevangelium (25,31ff) urteilt Christus als Weltenrichter danach, ob ein Mensch ihn nährte, als er hungrig, bekleidete, als er nackt, besuchte, als er krank und im Gefängnis war. Auf die erstaunte Frage, wo das denn gewesen sei, gibt der Herr zur Antwort, dass er selbst aus jedem Leidenden geblickt habe. *Was ihr einem meiner geringsten Brüder getan habt, das habt ihr mir getan* (25,40). Die Generalversammlung der lateinamerikanischen Bischöfe in Puebla erklärte 1979 im Angesicht der skandalösen Armut: »Diese äußerste allgemeine Armut nimmt im täglichen Leben sehr konkrete Züge an, in denen wir das Leidensantlitz Christi, unseres Herrn, erkennen sollten, der uns fragend und fordernd anspricht«. In den zahlreichen Gesichtern des Elends zeige sich das Antlitz Christi. Daraus ergibt sich eine vorrangige Option für die Armen.[4] Dieses Motiv durchzieht die Geschichte des Christentums. Es sucht im Blick und Wort des Anderen, vom Leidenden bis zum Amtsträger, Gottes Stimme.[5] Der Benediktregel ist es selbstverständlich, dass im Mitbruder, im Abt, und ganz besonders im anklopfenden Fremden Christus selbst spricht; »Gäste, die ankommen, empfange man alle wie Christus; weil er selbst sagen wird: Ich war fremd, und ihr habt mich aufgenommen ... Man begegne allen Gästen ... in tiefer Demut: Man neigt den Kopf oder wirft sich ganz zur Erde nieder, um in ihnen Christus zu verehren, der auch wirklich aufgenommen wird«[6]. Und zur Beratung sollen auch die jüngeren Brüder eingeladen werden, »weil der Herr oft einem jüngeren offenbart, was das Beste ist«[7].

Das Wort, das vom Gegenüber kommt, hat das gleiche Gewicht wie die Erfahrung von Lebendigkeit, Kreativität und Kindschaft, die jeden Menschen von innen formen.[8] Einer zur Esoterik neigenden Zeit mag überraschen, dass die Christen in der Außenwelt eine ebenso große Bedeutung finden wie in der Innenwelt. Umgekehrt kann den Menschen des alltäglichen Funktionierens erstaunen, wie radikal der christliche Glaube die Außenwelt relativiert.

Der Glaube der Christen bezieht sich auf alle Menschen. Die beiden Hände des Vaters berühren einen jeden Menschen, gleich welcher Religion oder Konfession, welchen Glaubens oder Unglaubens. Gott will, dass *alle Menschen gerettet werden und zur Erkenntnis der Wahrheit gelangen*[9]. Menschen gleich welchen Bekenntnisses, *die beharrlich Gutes tun und Herrlichkeit, Ehre und Unvergänglichkeit erstreben, gibt Gott ewiges Leben ... Herrlichkeit, Ehre und Frieden werden jedem zuteil, der das Gute tut, zuerst den Juden, aber ebenso den Griechen*: so lehrt Paulus (Röm 2,7.10). Wo ein Mensch sich, fernab jeder religiösen Vorstellung, von der Not des Mitmenschen senden lässt, wo er seiner Sehnsucht folgt, ohne genau zu wissen, was er tut, wo er in Vertrauen, Hoffnung und Liebe das Notwendige tut – da weiß ihn der christliche Glaube von den Händen ergriffen. Denn Glaube, Hoffnung und Liebe sind dem Menschen durch ethische Anstrengung nicht erreichbar. Wo diese Haltungen auftreten, öffnet sich die innerste Bewegung eines Menschen, ohne zu sich zurückzukehren, ohne vollständig begründen zu können, warum das gut und vernünftig sei. Glaube, Hoffnung und Liebe sind mehr als das Greifen nach etwas. In diesen Haltungen greift etwas nach dem Menschen. Er wird ergriffen von einer Kraft, die ihm nicht gehört: vom Heiligen Geist. Diese Erfahrung kann sich ohne christliches Bekenntnis ereignen. Deshalb hat sich in den letzen 50 Jahren die Einsicht durchgesetzt, dass es so etwas wie ein anonymes Christentum[10] geben kann, einen Zustand, der das Innerste des Christentums verwirklicht, ohne es bei einem christlichen Namen zu nennen. Der Begriff »anonymes Christentum« will nicht den bleibend Andersgläubigen vereinnahmen. Er stellt vielmehr statt der Worte der Christen die vielgestaltige Erfahrung Gottes in den Mittelpunkt.[11] Das Konzil hat sich diese Auffassung zu Eigen gemacht: Der Auferstehung zum Leben gingen nicht nur die Christen, sondern »alle Menschen guten Willens« entgegen, »in deren Herz die Gnade auf unsichtbare Weise wirkt. Da nämlich Christus für alle gestorben ist, und da es in Wahrheit nur eine letzte Berufung des Menschen gibt, nämlich die göttliche, müssen wir festhalten, dass der Heilige Geist allen die Möglichkeit anbietet, sich mit diesem österlichen Geheimnis in einer Gott bekannten Art zu verbinden«[12]. Die unsagbare Einheit des Menschen mit den beiden Händen des Vaters gibt es auch außerhalb des christlichen Bekenntnisses.[13]

Der Wille Gottes

Gott ist in der menschlichen Erfahrung in dreifacher Weise gewärtig. Dieses Anwesendsein ist nicht wie ein Gemäuer oder wie ein Möbel, das da ist und prägt, aber sich nicht bewegt. Besser eignet sich das Bild eines mal ruhigen, mal aufgewühlten Seegangs, auf dem das Schifflein eines Menschen fährt. Das Schiff reagiert auf Seegang und Wind, um nicht zu kentern: mit je anderen Segeln, in der Wahl des Kurses, in der Suche nach einem sicheren Ankerplatz. Bei alldem soll sich auch der Sinn der Fahrt erfüllen, sei es das Erreichen eines fernen Hafens oder ein reicher Fischfang. Auch dieser Auftrag kann sich ändern, etwa weil ein anderes Schiff in Seenot Hilfe braucht, oder weil der Reeder eine neue Entscheidung getroffen hat. Gleich dem Schiff umgibt den Menschen von innen und von außen eine dynamische Gegenwart, nicht in der Art eines Etwas, sondern eines Jemand. Immer wieder erfordert sie Achtsamkeit und Anpassung. In diesem bleibenden Gefordertsein von allen Seiten sucht und findet das Christentum den Willen Gottes.

Freilich ist dem zeitgenössischen Christentum in der Verwirrung seiner Identität der Begriff des Willens Gottes praktisch verloren gegangen. In der Öffentlichkeit jener spirituellen Gemeinschaft, die sich Kirche nennt, ist vom Willen Gottes kaum einmal die Rede, schon gar nicht im Sinne von etwas, das man nicht hat, das erst gemeinsam und in Sorgfalt zu suchen wäre. Das Wort hat sich in die Ordensgemeinschaften und die individuelle Spiritualität zurückgezogen. Umso mehr ist die Rede von objektiven Notwendigkeiten, zu denen es keine Alternative gebe. In den Fragen, die zur Entscheidung anstehen, nehmen diese Notwendigkeiten faktisch die Stelle des Willens Gottes ein, seien es kirchenrechtliche Paragrafen, demokratische Grundrechte oder die absolute Geltung bestimmter Bibelverse.

Mehr oder weniger ausdrücklich beanspruchen hier Stimmen der Außenwelt, den Willen Gottes umfassend darzustellen, ja zu besitzen, auch dann, wenn sie sich der frommen Formel mit guten Gründen schämen. Der Mensch und Christ von heute hört diese Worte – und weiß sich doch auch von innen gefordert! Er weiß es dunkel, da ihm seine Innenwelt unergründlich ist. Aber er weiß es doch genau genug, um zu spüren, dass am Anspruch jener christlichen Stimmen irgendetwas nicht stimmen kann. Und er sucht nach Lösungen, die seiner Lage besser entsprechen. Das Ergebnis nennt man patchwork[14].

Das Verschwinden einer verbindenden Vorstellung vom Willen Gottes ist ein bemerkenswertes Ereignis. Genau diese Vorstellung könnte ja die Klammer bilden, welche die Vielfalt der Ansichten mit einer ursprünglichen Einheit in Beziehung setzte und so alle miteinander verbände. In einer klaren und anwendbaren Vorstellung vom Willen Gottes könnte die Identität des Christentums liegen! Die Christen können sie wiedergewinnen, indem sie den Willen Gottes als Synthese verstehen, die im Dialog gewonnen wird. Indem die beiden Hände des Vaters den

Menschen berühren, geben sie ihm Richtung. Die Sehnsucht richtet den Menschen auf ein großes Ziel aus; das Wort eines anderen fordert heraus und bringt auf den Weg. Die beiden Hände des Vaters wollen etwas vom Menschen. Sie gestalten ihn, indem sie ihn rufen und senden. Es steht dem Menschen frei, sich dem Ruf anzuvertrauen. In dem Maße, in dem er sich an den dreifach Gegenwärtigen hingibt, gestaltet die Gegenwart des Geistes und des Wortes den Menschen, so wie ein Töpfer mit den Händen ein Gefäß formt.

Die beiden Hände wirken auf geheimnisvolle Weise zusammen und ergänzen sich. Der Geist bringt das prophetische Wort hervor (z. B. Ri 3,10; Jes 11,2); er konstituiert in Zeugung (Lk 1,35; Mt 1,18), Taufe (Lk 3,22) und Auferstehung (Röm 1,4; Joh 6,63) je neu den Sohn Gottes; der Geist führt ihn (Mt 4,1; Lk 14,18) und spricht aus ihm (Lk 4,1.14).[15] Kraft des Geistes gibt Jesus sich selbst hin (Hebr 9,14). Umgekehrt weckt das Wort den Geist (Ez 37); der Geist geht von der Gestalt Jesu aus (Lk 12,49; Joh 14,26; 15,26; 20,22).[16] Im Glaubensbekenntnis kommt zuerst das Wort; nach der Schrift schwebt vor allem Wort der Geist über den Wassern (Gen 1,1f). So sehr einmal die eine, ein anderes Mal die andere Hand im Vordergrund steht: Um mit dem Willen Gottes eins zu sein, bedarf es der Achtsamkeit für die eigene Lebendigkeit ebenso wie der Offenheit für das Gegenüber. Das Wort gibt dem Geist Richtung und Gestalt; der Geist relativiert das Wort, im ursprünglichen Sinn: Er nimmt das Wort in eine lebendige Beziehung auf.[17]

Es ergibt sich, dass der Wille Gottes nicht einfach vorhanden ist. Man kann ihn nicht finden wie etwas Fertiges. Auf den Willen Gottes hören heißt: vor dem Geheimnis eine schöpferische Synthese von Innen- und Außenanspruch suchen.[18] Indem der Christ auf die Stimmen hört und sie bewertet, innen und außen, wird der Wille Gottes erst erkennbar. Keine äußere Instanz kann dem Gewissen die Synthese abnehmen. Auch wenn es sich dem kirchlichen Lehramt oder irgendeiner anderen Stimme der Außenwelt anvertraute, müsste es dies vor sich selbst begründen und mit den Orten seiner Gotteserfahrung in Übereinstimmung bringen. Dass in der Erfahrung etwas gegenwärtig ist, dass sich Innen und Außen im Zusammenhang erschließen, ist unverdientes Geschenk und Gnade. Dem widerspricht nicht, dass der Wille Gottes nicht anders erscheinen kann denn als schöpferische Leistung des suchenden Menschen.

Der Wille Gottes wird im Dialog gefunden

Aus der dreifachen Gegenwart ergibt sich der kritische Dialog als Grundvollzug der Christen. Sie rechnen damit, im Mitmenschen Gott gegenüber zu stehen, ebenso wie in der Mitte ihres Verhältnisses zu sich selbst. Ja mehr noch! Es ist ja nicht einfach das erste beste Wort des Mitmenschen Gottes Stimme. Etwas darin kann unbedingte Bedeutung tragen, und es gilt genau zu verstehen, was das sei. Der Christ wird also nachfragen – gerade so, wie er im Hören auf seine inneren Stimmen die Geister zu scheiden sucht. Aus welcher Stimme spricht eher menschlicher Machtanspruch und Selbstschutz? In welcher Stimme klingt der Ton des Guten Hirten? Das Wort Gottes kann sich nur zeigen, wo ein Mensch sich nachfragend interessiert für den Standpunkt des anderen und dessen Gründe einbezieht. Wer sich zum dreifach gegenwärtigen Gott bekennt, ist auf den Dialog, auf seine Mühen und seine Kreuze verpflichtet.[19] Er muss sich daran messen lassen, wie glaubwürdig er gegenseitige Anerkennung verkörpert. Auch die kirchlichen Verantwortlichen werden des Willens Gottes überhaupt erst ansichtig, indem sie einen sorgfältigen Dialog pflegen – mit ihren eigenen Stimmen und jenen des christlichen Volkes, ja aller Menschen.

Christen glauben, dass die beiden Hände des Vaters im Tiefsten zusammenwirken. Das ist das Eine. Das Andere ist, dass die menschliche Erfahrung der göttlichen Gegenwarten verstellt, verzerrt, unklar und gebrochen ist. Emotionale Verletzungen, kulturelle Verengungen, historische Zufälle, das instinktive Vermeiden des Unbequemen und dergleichen mehr stehen der Wahrnehmung des Tiefsten im Weg. Die christliche Tradition nennt diese Erfahrung Konkupiszenz: Es führt kein ungebrochener Weg von der spontanen Erfahrung zur Erkenntnis Gottes. Der Christ, auch die Gemeinschaft der Christen erkennt den Sohn nicht so klar, dass sie der korrigierenden und vertiefenden Führung durch den Geist nicht mehr bedürfte. Darum verspricht Jesus den Jüngern seinen Geist, der sie nach und nach in alle Wahrheit einführen werde (Joh 14,26). Umgekehrt kann kein Mensch seine inneren Strebungen so klar erkennen, dass er der Kriterien nicht mehr bedürfte, welche das Wort zur Scheidung der Geister bietet. Eine regelmäßige und reflektierte geistliche Praxis kann viel erreichen – aber nicht, dass einer seiner seelischen Kräfte so sicher sein könnte, dass er nicht mehr der Befruchtung und Korrektur durch den Anderen bedürfte.

Die Gegenwarten Gottes stehen für die menschliche Erfahrung in Spannung, ja in Konflikt. Sie treten nicht so klar und einfach auf, dass die Synthese jeweils schon auf der Hand läge. Etwa wenn die Lebendigkeit eines jungen Menschen, sein Wunsch nach größerer Freiheit, in Konflikt gerät mit der Verantwortung der Eltern. Oder wenn die Sehnsucht nach Harmonie einen Partner in Konflikt mit dem Wunsch seiner Partnerin bringt, sich weiter zu entwickeln und neue Schritte zu wagen. Oder wenn in einer Gesellschaft die Sehnsucht nach Gerechtigkeit mit dem Bewahren des Bewährten ringt: Es ist nicht von vornherein klar, was Gott will. Eine Christin weiß sich auf die Suche gesandt nach dem Willen Gottes. Ihr Glaube an eine verborgene Einheit macht sie suchen und hoffen, so dass sie immer wieder nach einer Synthese sucht, wo Sinne und Vernunft nur Auseinanderstreben erkennen.[20]

Streit und versöhnte Vielfalt

In der menschlichen Erfahrung stehen die beiden Hände des Vaters in Spannung. Streit gehört zum Leben und erst recht zum christlichen Leben. Es wäre naiv, erwartete man vom gemeinsamen Bekenntnis schon die vollkommene Einheit in allen Lebensfragen. Für Christen wie für alle Menschen will Versöhnung und Gemeinschaft durch achtsame Auseinandersetzung je neu erarbeitet sein.

Ein Paulus, der Petrus ins Angesicht widersprach, hat das schon in der ersten Generation der Christen zu klarem Bewusstsein gebracht (Gal 2,11ff). Die beiden Hände des Vaters stellen die Christin in einen Raum leidenschaftlicher Auseinandersetzung. Der Glaube daran, dass in den tiefsten Motiven doch wieder der eine Gott da ist, stellt alle Spannung in die Hoffnung auf Frieden und Versöhnung. Das Austragen der Spannungen, das Vertrauen auf den Geist an der Wurzel der eigenen und der gegnerischen Position, öffnen die Herzen für aufbauende Lösungen. Ein erstaunliches Wort, Mahatma Gandhi zugeschrieben, drückt die versöhnte Spannung aus: Der wahre Christ hat drei Eigenschaften: Er hat keine Angst, ist immer in Schwierigkeiten und in alldem unsagbar glücklich.

Aus der Geschichte der jüdischen und christlichen Theologie sind streitbare Auseinandersetzungen nicht wegzudenken. Die Bibel beginnt nicht mit einem, sondern mit zwei Schöpfungstexten, die in einiger Spannung, ja in Widerspruch zueinander stehen. Obwohl nicht auf eine einheitliche Aussage zu bringen, gehören sie doch zu demselben Weg des Glaubens und Hoffens.[21] Das Alte Testament kennt keinen Einheits- oder Staatspropheten, sondern steht einer Einheitsmeinung von (Hof-) Propheten kritisch gegenüber. Ein Jeremia spricht in ganz anderem Ton von Gott als ein Amos oder Jesaja. Die Bibel verbirgt die individuelle Verschiedenheit in Stil und Botschaft der Propheten nicht.

Es gibt vom Leben und Sterben Jesu keinen offiziellen Einheitsbericht. Vier Evangelien und nochmals anders Paulus setzen recht unterschiedliche Schwerpunkte und widersprechen einander nicht nur in Details. Im Blick etwa auf Versöhnung, Gesetz und Gericht widerspricht Matthäus Paulus direkt; die beiden Theologien lassen sich nicht auf einen Nenner bringen. Dennoch gehören sie zur gleichen Glaubensgeschichte. Indem die ersten christlichen Generationen ein vielstimmiges Neues

Testament zusammenstellten, haben sie verschiedene Formen des Glaubens anerkannt.

In der Kirchengeschichte setzt sich der Pluralismus fort. Im Ordensleben haben die Christen eine großartige Breite von Berufungen als authentisch anerkannt. Den Einsiedler in der Wüste ließen sie ebenso gelten wie den dominikanischen Professor, den einfachen Poverello von Assisi wie den methodisch vorgehenden Jesuiten, stille Beterinnen ebenso wie aktive Missions- und Pflegeorden. Der Vielfalt der Ordensspiritualitäten entwuchs eine Vielfalt der Theologien benediktinischer, dominikanischer, franziskanischer und ignatianischer Prägung, die in Spannung und Wettbewerb, wo nicht in Widerspruch zueinander standen. Mit Recht hat man diese Fähigkeit zur Integration »*Katholisches Und*« genannt. Meist haben die Christen nicht versucht, eine einheitliche Theologie verbindlich zu machen. Wenn man es doch wollte – etwa in Neuscholastik oder lutherischer Orthodoxie – folgten innere Verarmung und Unfruchtbarkeit, Spaltungen und schwindender Einfluss. Früher oder später brach die Vielstimmigkeit wieder durch. Das Christentum lebt in der Erfahrung, dass sich seine Einheit je neu in Mehrstimmigkeit und Dialog findet, auch wenn es in einzelnen Epochen hinter seiner Identität zurückbleibt, so dass seine Lebendigkeit in Herrschen und Verteidigen zu erstarren scheint.

Göttliche Dreifaltigkeit

Ein Gott, der Gemeinschaft ist, in dem Spannungen auftreten, der versöhnter Streit ist? Ein Bild schließt das Nachdenken über die Erfahrung Gottes ab und öffnet einen Raum der Meditation.

Eine breite orthodoxe Ikonentradition sieht den dreifaltigen Gott als Gemeinschaft dreier Männer. Diese Sichtweise, von Gen 18 inspiriert, bejaht einen ursprünglichen Pluralismus. Noch weiter geht ein Fresco aus dem Kirchlein St. Jakob in Urschalling, einem Weiler am Chiemsee, Oberbayern. Es wurde zwischen 1160 und 1200 erbaut. Um 1550 wurden die Fresken überstrichen und 1923 wieder entdeckt.

Obwohl ähnliche Darstellungen nicht bekannt sind, sprechen wichtige Anzeichen dafür, dass das Bild die Dreifaltigkeit darstellt. Die Heiligenscheine gehen ineinander über; gemeinsam bilden sie einen Heiligenschein mit Kreuz, der Gott vorbehalten ist. Der gemeinsame Mantel deutet auf die Einheit der drei Personen hin. Links erkennt man Jesus Christus und rechts den Vater. Die femininen Züge, die Figur und die Art des Kleides zeigen in der Mitte eine weibliche Gestalt. Es kann kaum anders sein, als dass der Künstler (oder die Künstlerin?) den Heiligen Geist als junge Frau sieht, die sich in ihrer erotischen Kraft mit-

teilt. Es ist nicht die Autorität des Vaters, die alles zusammen hält, sondern die sanfte Gegenwart der heiligen Geistin. Sie zieht an und strahlt aus und verbindet so die härter geschnittenen männlichen Gestalten.

Im Horizont des Unbegreiflichen

Dreifach gegenwärtig ist Gott in der menschlichen Erfahrung. Diese Erfahrungen sind durchaus voneinander unterscheidbar, auch wenn sie eng miteinander verwoben sind. Die folgenden drei Kapitel gehen den drei Gegenwarten einzeln nach, beginnend mit der Erfahrung des unbegreiflichen Geheimnisses, welches das Christentum Vater nennt.

Die Fragen

Wie findet ein Mensch zur Erfahrung Gottes? Manch einer mag ihn gesucht haben, mit Leidenschaft, unter Tränen. Seine Seele schrie nach Trost und Gerechtigkeit – und fand doch nur Leere, schweigende Leere: die eisige Kälte eines Universums, das sich nach allen Seiten unermesslich ausbreitet, der Not der Seele aber keine Heimat zu bieten hat. Da mag sich das wunde Herz verhärtet haben, in wildem Protest beschließend, dass es keinen Gott gebe, dem man so etwas verzeihen könne. Stolz bestand das Herz darauf, dass auch Gott, falls es ihn denn anerkennen sollte, sich an gewisse Spielregeln zu halten habe. Und verschloss seine Sehnsucht in tiefem, lichtlosem Kerker, gestaltete sich als tragische Heldin oder leichter Genießer, als Macher oder als treu sorgende Altruistin – im Horizont des Nichts.

Indem ein Mensch sich so inszeniert, bleibt Gott wie abgewiesen, festgelegt auf die Rolle des Dunkels und des Nichts. Und dennoch bleiben die Fragen. Nach Ursprung und Ziel, nach der Grenze und ihrem Sinn, nach Leiden und Tod. In diesen Fragen zeigt sich eine ursprüngliche Bezogenheit des Menschen. Sie führen weiter, als Begreifen und Sprache reichen. Der Mensch erfährt sich in einen Horizont gestellt, unausweichlich, in dem er mit den Haltungen des Begreifens und Beherrschens nicht durchkommt. Hier öffnen sich tiefere, ursprünglich menschliche Alternativen: Vertrauen oder Misstrauen, Hoffnung oder Verzweiflung, Hingabe oder Verweigerung. Dass sich diese Fragen stellen, kann ein Mensch nicht vermeiden. Seiner Freiheit überlassen ist, wie er auf sie reagiert. Es ist möglich zu fliehen in das Viele und Geschäftige. Es ist möglich, sich tot zu stellen und gar nicht zu antworten. Es ist möglich, sich auf die Fragen einzulassen und Lebensformen zu finden, die Antwort geben.

Es gibt die Erfahrung, nach mehr zu suchen, als sich ergreifen lässt. Es gibt die Erfahrung, nach mehr zu suchen, als sich begreifen lässt. Ein Mensch kann mit den Möglichkeiten, die ihm angeboten sind, unzufrieden sein, ohne dass er darum schon wüsste, wonach er sucht. Es gibt die Erfahrung, dass ein erreichtes Ziel in Liebe oder Beruf nicht das letzte Wort ist. Die Suche geht immer weiter. Wo Scheitern und Leere oder schon die schlichte Erfahrung des Leidens sich nicht mehr überspielen lassen, wird der bisherige Horizont fragwürdig. Schließlich gibt es auch die Erfahrung des Todes. Wo unheilbare Krankheit oder plötzliches Schicksal nach einem nahen Menschen, gar nach dem eigenen Leben greifen, gibt es die Frage nach dem Sinn des Daseins, nach seiner Herkunft und seinem Ziel.

Ursprüngliche Bezogenheit

Der Mensch erfährt sich bezogen auf Mutter und Vater, auf Ältere und Jüngere, auf Kollegen und Schutzbefohlene. Der Einzelne hat sein Leben und seine Identität nie ohne diese Bezogenheit. Dennoch erschöpft sich sein Dasein nicht darin. Der Mensch steht vor seinem Dasein als Ganzem. Es zerfällt nicht in eine Fülle von Einzelbeziehungen. Mit dem Menschen ist die Frage nach seinem Dasein als Ganzem gegeben.

Die Beziehung auf das Ganze ist eine Eigentümlichkeit eines Wesens, das mit Bewusstsein ausgestattet ist, das erkennen kann. Erkennen bedeutet, Grenzen erfassen. Ein Begriff wird definiert, wörtlich: auf bestimmte Grenzen festgelegt. Indem aber die Erkenntnis auf eine Grenze Bezug nimmt, erkennt es sie zugleich als Grenze. Das heißt: Der Mensch ist im Erkennen jeweils auf einen größeren Horizont bezogen. Der Horizont muss nicht ausdrücklich benannt werden, aber doch da sein.

Das beweist nicht, dass im Horizont ein heiliges Geheimnis da sei, aber doch, dass etwas da ist im menschlichen Dasein, unausweichlich da, möge es auch schweigen und dunkel bleiben.

Unsere Zeit nimmt leichter etwas Göttliches wahr als eine Person, die sie Gott nennen könnte. Darin zeigt sich eher der zeitgenössische Stil der Wahrnehmung als deren Gegenstand. Im Zeitalter von Technik und Konsum hat das Es-hafte ab der Kinderstube Gewicht gewonnen: Dinge, die man machen, kaufen und per Knopfdruck herbeiholen kann. Entsprechend weniger haben Menschen füreinander Zeit, können sie miteinander spielen und etwas bauen. Entsprechend weniger prägen und tragen kontinuierliche Beziehungen. Es kann ein Ausdruck dieser Lebensverhältnisse sein, dass es vielen Menschen schwer fällt, im Vielfältigen und Unverbundenen eine Einheit, gar ein Du zu suchen und zu ihm zu beten.[22] Wenn das Ganze auftaucht – muss es dieser Wahrnehmung nicht als unerträgliches Nichts erscheinen? Die christliche Erfahrung eines Lichtes im Nichts[23], eines Gegenübers, einer Person, ist durch diese Verhältnisse nicht widerlegt.

Sehnsucht nach Hingabe

Die Anwesenheit des Geheimnisses beschränkt sich nicht auf die Gedankenwelt des Menschen. Sie wirkt tief ins Gefühlsleben. Der Mensch ist ja keine Körpermaschine mit aufgesetzter Geistbegabung, sondern ein Wesen, das Materie ist und Geist – mit der Aufgabe, beides zur Synthese zu bringen. Der Mensch bezieht sich auch emotional auf jenes Gegenüber, und zwar in seinem tiefsten Bedürfnis. Es richtet sich weder auf Selbstverwirklichung noch auf Macht oder Sexualität, sondern auf Hingabe: so der jüdische Sozialpsychologe Erich Fromm (1900–1980), dessen Vermittlung von Judentum, Marxismus und Psychoanalyse einen der wichtigsten Beiträge des 20. Jahrhunderts zum Menschenbild darstellt.

Der Mensch strebt leidenschaftlich danach, für etwas zu leben. Er sucht ein Gegenüber, an das er sich verlieren kann, so dass seine Kräfte fließen können. Der Mensch sucht einen Inhalt für sein Leben, um es nicht als leer empfinden zu müssen. Der Mensch sehnt sich nach Fülle. Er möchte einen Kraftstrom spüren. Der Kandidaten der Hingabe sind viele. Macht, Geld und Geltung; Familie und Kinder; Eros und Sex; politische und moralische Ziele; auch Rache und Hass sind mögliche Objekte menschlicher Hingabe. Es ist offensichtlich, dass die Sehnsucht nach Hingabe gefährlich ist bis hin zur blinden Gefolgschaft gegenüber mörderischen Verhältnissen. Es bedarf der Formen, welche das ursprüngliche Bedürfnis kultivieren, anstatt es in lichtlosen Kellern ein kaum kontrolliertes Unwesen treiben zu lassen: gerade so wie alle anderen menschlichen Bedürfnisse – Essen und Trinken, Bildung oder Anerkennung. Die Wahl des Gegenübers der Hingabe entscheidet darüber, wie menschlich oder unmenschlich sich ein Mensch gebärdet. Nur Auseinandersetzung und schöpferisches Bearbeiten machen aus der rohen, ursprünglichen Sehnsucht nach Hingabe eine menschliche Gestalt. Wenn der Mensch nicht mit der Zeit zum Sklaven weltlicher Mächte werden soll, braucht er Methoden der Selbsterkenntnis. Er bedarf der Kriterien der Selbstkritik, die ihn immer wieder zu einer schöpferischen und lebensbejahenden Haltung zurückführen. So widersteht er der Versuchung, der Regression und damit dem Tode zu dienen.[24] Der christliche Beter wird hinzufügen, dass Rituale, die immer wieder zur Quelle, vor das heilige Geheimnis zurückführen, eine mächtige Förderung bedeuten. Zu einem kultivierten Menschen gehört ein reflektierter und kultivierter Umgang mit dem Bedürfnis nach Hingabe – unabhängig davon, ob er an ein Gegenüber glaubt oder nicht.

Fragen über alles Greifbare hinaus, eine ursprüngliche Bezogenheit, die Sehnsucht nach Hingabe treten in der menschlichen Erfahrung auf und lassen sich auf philosophischem Weg aufweisen. Nicht erst die Bibel macht auf das schweigende Geheimnis aufmerksam! Nein, die Bibel führt nur tiefer in eine Erfahrung ein, die immer schon da ist.

Unbegreiflich

Der Mensch kann versuchen, nach Gott zu greifen. Er kann die Flucht nach vorn antreten. Wenn es Gott schon gibt, wenn sich seine Gegenwart nicht verleugnen lässt – vielleicht ist es dann möglich, ihn vor den Karren der eigenen Interessen zu spannen? Ein absoluter Herrscher konnte sich auf die Einsetzung von Gottes Gnaden berufen. Ein Politiker kann seinen Krieg als Auftrag Gottes verkaufen, auch vor sich selbst. Doch in dem Moment, wo Gott Zwecken dienstbar wird, handelt es sich um eine leere Larve, einen Götzen. Das Wort Gott verliert schnell an Kraft, wenn Machtinteressen sich als Motiv seiner Verwendung zeigen. Der Versuch, Gott als *Etwas* zu suchen, führt regelmäßig dazu, ihm als *Nichts* zu begegnen. Umgekehrt kann, was dem Menschen als radikale Leere begegnet, sich als Fülle zeigen, wenn ein Mensch sich hingibt, wenn er nicht mehr darauf besteht, dass die Wirklichkeit sich seinen Vorstellungen anzupassen hat. Leere und Fülle liegen in der Erfahrung Gottes nicht weit auseinander.

Der wahre Gott lässt sich nicht begreifen. Eine breite christliche Tradition findet in der Unbegreiflichkeit Gottes das Fundament menschlichen Sprechens von Gott. Schon in den ersten Kapiteln der Heiligen Schrift zeigt sich Gott allem menschlichen Voraussehen und Erwarten souverän überlegen. Die dunkle Geschichte vom Opfer Isaaks (Gen 22) zeigt Gott zunächst als einen, der alles vom Menschen will, und laufe es auf die Vernichtung seiner Zukunft hinaus. Abraham soll Isaak, seinen einzigen Sohn, Gott zum Opfer bringen – obwohl doch nur durch ihn die Zusage wahr werden kann, aus Abraham solle ein großes Volk entstehen, der ganzen Welt zum Segen! Abraham gehorcht. Das Gegenüber seiner Hingabe ist Abrahams Horizont. Er hadert nicht einmal mit ihm. Und dann macht Abraham die Erfahrung, dass Gott zwar Hingabe fordert, aber anders, als es Abraham erschien. Nicht so, dass Menschenblut vergossen werden müsste. Gott ist jeweils anders als alle menschliche Vorstellung, unbegreiflich, schrecklich anders, aber doch so, dass immer wieder die Menschlichkeit wachsen, das Bewusstsein tiefer und stärker werden kann. Bei Jesaja (55,8f) heißt es: »Meine Gedanken sind nicht Eure Gedanken, und meine Wege sind nicht eure Weg – Spruch des Herrn. So hoch der Himmel über der Erde ist, so hoch erhaben sind meine Wege über eure Wege und meine Gedanken über eure Gedanken.« Ein Gerechter macht die Erfahrung, leiden zu müssen über alles Maß hinaus, ohne sich einer entsprechenden Schuld bewusst zu sein. Er kann sein Leiden nicht als Strafe sehen, und findet seinen Frieden erst, als er die Unbegreiflichkeit der Entscheidungen Gottes anerkennt. »Ich habe im Unverstand geredet über Dinge, die zu wunderbar für mich und unbegreiflich sind … Ich will dich fragen, du belehre mich!« (Hiob 42,3f). Jesus betet am Vorabend seines Todes, der Kelch möge an ihm vorübergehen. Zugleich übergibt er sich dem Willen des Vaters, den er nicht nachvollziehen kann (Mk 14,36). Im Angesicht der ihm unbegreiflichen Erfahrung, dass die Juden in Jesus nicht den Messias erkannten, schreibt Paulus (Röm 11,33ff): »O Tiefe des Reichtums, der Weisheit und der Erkenntnis Gottes! Wie unergründlich sind seine Entscheidungen, wie unerforschlich seine Wege! Denn wer hat die Gedanken des Herrn erkannt? Oder wer ist sein Ratgeber gewesen? Wer hat ihm etwas gegeben, so dass Gott ihm etwas zurückgeben müsste?«

Im griechischen Osten ist die Unbegreiflichkeit Gottes ein Grundmotiv christlicher Theologie, die so genannte Apophase. In immer neuen Anläufen betonen seit dem 4. Jahrhundert die Großen des Ostens – Basilius, Gregor von Nyssa, Dionysios, Johannes Chrysostomus, Maximos und viele andere – wie radikal unbegreiflich Gott für den Menschen bleibt. Augustinus – *»Si comprehenderis, non est Deus«* (Wenn Du begriffest, hättest Du es nicht mehr mit Gott zu tun) – Thomas von Aquin[25], Johannes vom Kreuz und besonders Karl Rahner haben diese Einsicht in das westliche Bewusstsein aufgenommen. So wie Liebende einander nicht begreifen, sondern als Geheimnis erkennen, nimmt die Unbegreiflichkeit Gottes nicht ab, je näher ein Mensch ihm kommt. Im Gegenteil, sie wird immer größer.

Wo immer Gott sich zu erkennen gibt, erscheint er als unbegreifliches Geheimnis. Die eigentliche Begegnung mit Gott geschieht im Schweigen[26].

Gott Vater

Die Erfahrung dieses abgründigen Geheimnisses nennen die Christen Gott – Gott Vater oder Gott Mutter. Das ist eine Interpretation. Denn der Horizont als solcher sagt nicht, wie er zu deuten sei. Er öffnet einen Raum unabsehbarer Weite. Er sagt nicht, was er vom Menschen will, ja nicht einmal, dass er überhaupt etwas will. Er ist einfach da als Grenze des Bewusstseins, schweigend, unbegreiflich und anwesend.

Das unbegreifliche Geheimnis setzt eine Dynamik frei, die den Menschen sucht. Bereits die Vorstellung hat etwas Verwirrendes. Wie sollte aus dem Horizont etwas auf den Menschen zukommen? Hier endet philosophische Sprache; nun wird von Erfahrungen erzählt, als Geschichte, als Gedicht, als Lied. Menschen haben versucht zu verstehen und erzählt, immer wieder neu. Stück für Stück dämmert dem Menschen, dass jenes unheimliche Gegenüber etwas von ihm will und was genau es will. Schritt für Schritt richtet sich der Mensch an jener Zuwendung auf, wird seiner Grenzen und schöpferischen Möglichkeiten inne. Gott ist in der Erfahrung der Juden und der Christen kein statisches Gegenüber, kein fernes, abstraktes und unveränderliches Prinzip. Nein, er selbst lässt sich auf eine Geschichte ein mit den Menschen. Damit hat Gott selbst eine Geschichte. Gott tritt in die Welt der Erdlinge ein, ja er ist bereit, an den Entscheidungen der Menschen zu leiden.

In seiner Geschichte erkennt das Gottesvolk sein Gegenüber Stück für Stück als treu liebendes Gegenüber, so treu wie ein Vater. Gott zeigt sich als Vater Davids (1Sam 7,14), der Witwen und Waisen (Ps 68,6), ganz Israels (Jes 63,16). Noch größere Nähe schwingt mit, wenn Jesus zu Abba, aramäisch für Väterchen oder lieber Vater, betet (Mk 14,36). Das Gleichnis von den verlorenen Söhnen (Lk 15,11ff) zeigt Gott als Vater, der seinen Kindern so weit wie nur irgend möglich entgegenkommt.

Gott liebt die Menschen bedingungslos, so dass das Dasein in der Erfahrung der Liebe und der Sehnsucht seine Mitte findet: Diese Aussage hat außerhalb der jüdisch-christlichen Tradition keine Parallele. Der Koran sagt nicht, dass Gott den Menschen liebt. Allah ist der zugleich gerechte und barmherzige Richter, in unnahbarer Majestät. Es findet sich keine Aussage familiärer Nähe; Allah wird nicht Vater oder gar Mutter genannt. Taoismus und Buddhismus gehen nicht von einem persönlichen Verhältnis zu Gott aus; der Hinduismus kann als spannungsvoller Mehrgottglaube keine eindeutige Liebe eines allmächtigen Gottes aussagen. Hier erscheint eine einzigartige Attraktivität des jüdisch-christlichen Glaubens. Das Innerste des Menschendaseins ist hier nicht Ethik, nicht Disziplin, nicht Ehrfurcht, sondern ein Geheimnis der Liebe in Vielfalt.

Gott Mutter

»Gott ist Vater, noch mehr ist er Mutter«: dieses Wort Johannes Paul I. erschien 1978 noch als beinahe revolutionär.[27] Doch tatsächlich zeigt die Archäologie des Alten Orients, dass seit jeher weibliche und männliche Gottheiten nebeneinander verehrt wurden. Im Jerusalem des 8. und 7. Jahrhunderts v. Chr. finden sich Figuren der Aschera in derart großer Zahl, dass diese Fruchtbarkeitsgöttin in den meisten jüdischen Häusern verehrt worden sein muss. Sie wird dargestellt, wie sie mit beiden Händen ihre schweren Brüste dem Beter entgegenhält. Es gibt auch Hinweise auf eine gemeinsame Verehrung Jahwes und seiner Aschera.[28] Erst König Joschija (640 bis 609 v. Chr.) unterband die Verehrung der Aschera im Tempel Jahwes (2Kön 23,4). Die Muttergottheit verschwand hinter der Vatergottheit Jahwe, ein Spiegelbild des gesellschaftlichen Einflusses von Frauen und Männern.

In der Folge wanderten weibliche Bilder in die Verehrung Jahwes ein. Das Alte Testament bezeugt einen Gott, der väterliche und mütterliche Züge trägt. Letztere haben viel Gewicht, weil sie sich in einer patriarchalischen Gesellschaft durchsetzen mussten. Das Alte Testament spricht oft von der Barmherzigkeit Gottes *(rachamim)*. Dieses Wort ist vom Mutterschoß *(rächäm)* abgeleitet. Erbarmen ist für den Hebräer wörtlich das Gefühl, das im Mutterschoß wohnt. Hinter der Wortbildung steht die Erfahrung, dass nirgendwo sonst im menschlichen Leben eine solche Wärme und eine solche Souveränität des Verzeihens beobachtet werden kann wie im Verhalten der Mutter zu ihrem Kind (vgl. z. B. Jes 55,7). Dem entspricht im Deutschen die Barmherzigkeit: *barm* bedeutet ursprünglich Busen, den Ort, wo ein Kind Geborgenheit erfährt. Jesaja fragt: »Kann denn eine Frau ihr Kindlein vergessen, eine Mutter ihren leiblichen Sohn? Und selbst wenn sie ihn vergessen würde: ich vergesse dich nicht. Ich will euch trösten, wie einen seine Mutter tröstet« (49,15; 66,13). Jeremia zeigt Gott als Vater, dessen Verhalten dem einer Mutter entspricht. »Weinend kommen sie, und tröstend geleite ich sie. Ich führe sie an wasserführende Bäche, auf einen ebenen Weg, wo sie nicht straucheln. Denn ich bin Israels Vater, und Efraim ist mein erstgeborener Sohn … Ist mir denn Efraim ein so teurer Sohn oder mein Lieblingskind? Denn sooft ich ihm auch Vorwürfe mache, muss ich doch immer wieder an ihn denken. Deshalb schlägt mein Herz für ihn, ich muss mich seiner erbarmen« (Jer 31,9.20). So dass Psalm 131,2 betet: »Ich ließ meine Seele ruhig werden und still; wie ein kleines Kind bei der Mutter ist meine Seele still in mir«. In Ps 22,10 schließlich erfährt Israel Gott wie eine Hebamme: »Du hast mich aus meiner Mutter Leib gezogen, hast mich gelegt an meiner Mutter Brust.«

Natürlich heißt der unbegreifliche Gott nur in übertragenem Sinn Vater und Mutter. Er kann nur Vater (oder sonst irgendwie) genannt werden im Bewusstsein, dass er menschlichen Eltern mehr unähnlich als ähnlich ist. Von Gott kann nämlich nur in analoger Weise gesprochen werden – so lehrt ein wichtiger Satz des 4. Laterankonzils (1215): »Zwischen dem Schöpfer und dem Geschöpf kann man keine so große Ähnlichkeit feststellen, dass zwischen ihnen keine noch größere Unähnlichkeit festzustellen wäre.«[29] Mit anderen Worten: auf Gott bezogen, lässt jedes Wort mehr offen, als es festlegt. Deshalb ist es für Christen kein Problem, Gott als Mutter wahrzunehmen und anzubeten.

Man kann die Dinge so anschauen, dass sich die katholische Volksfrömmigkeit in der Marienverehrung Formen geschaffen hat, im Gebet auch mit Gott als Mutter in Beziehung zu treten: als Gegengewicht eines allzu väterlichen Gottesbildes. Das bringt zwar nicht das theologische Bewusstsein, aber immerhin das Gebetsleben ins Gleichgewicht (was allemal wichtiger ist[30]). Der Mensch soll von sich aus kein Bild von Gott entwerfen. Aber er darf die Erfahrungen annehmen, in denen Gott sich zeigt, und sie in Worte fassen. Als Ausdruck solcher – in diesem Fall: biblischer – Erfahrung haben Gottesnamen wie Vater, Mutter, Tröster oder Hirte Sinn. Der biblische Gott gibt Richtung und Orientierung, und erzieht sein Volk[31], durchaus mit strenger Hand. Er fordert heraus. Und sie erbarmt sich. Sie tröstet. Sie lindert Schmerzen und lässt Heilung finden.

All diese Überlegungen machen Gott nicht begreiflich. Sie führen in Schweigen und Anbetung. Dieser Bewegung folgend, schließt das Kapitel mit einer Meditation über das Wort ›Gott‹.

Meditation über das Wort ›Gott‹

Erfahrung gibt es nicht nur mit der Außenwelt. Erfahrungen kann man auch beim Denken machen. In eine solche Denkerfahrung führt ein berühmter Text Karl Rahners. Es ist nicht nötig, ihn zu begreifen. Der Text greift selbst nach seinem Hörer, der sich still diesem Kommen stellt.

> *»Das Einfachste und Unausweichlichste ist für den Menschen die Tatsache, dass in seinem geistigen Dasein das Wort ›Gott‹ gegeben ist. Es wird immer auch vom Atheisten neu gesetzt, wenn er sagt, es gebe keinen Gott und so etwas wie Gott habe*

gar keinen angebbaren Sinn; wenn er ein Gottlosenmuseum gründet, den Atheismus zu einem Parteidogma erhebt und sich noch anderes von ähnlicher Art ausdenkt. Auch der Atheist verhilft so dem Wort Gott zu weiterer Existenz. Wollte er das vermeiden, dürfte er nicht nur hoffen, dass im Dasein des Menschen und in der Sprache der Gesellschaft dieses Wort einmal schlechterdings verschwindet, sondern er müsste zu diesem Verschweigen dadurch beitragen, dass er es selber totschweigt, sich nicht einmal als Atheist erklärt. Aber wie will er das machen, wenn andere, mit denen er reden muss, aus deren Sprachfeld er gar nicht definitiv ausziehen kann, von Gott sprechen und sich um dieses Wort kümmern? Dass es dieses Wort gibt, das allein ist schon des Nachdenkens wert.

Jedoch über Gott sagt mindestens das deutsche Wort gar nichts aus. Es sieht so aus, als ob das Wort uns anblicke wie ein erblindetes Antlitz. Es sagt nichts über das Gemeinte. Es kann auch nicht einfach wie ein Zeigefinger fungieren, der auf ein unmittelbar außerhalb des Wortes Begegnendes hinweist. Diese schreckliche Konturlosigkeit dieses Wortes ist offenbar dem Gemeinten angemessen. Die Gestalt des Wortes spiegelt das wider, was mit dem Wort gemeint ist. Der ›Unsagbare‹, der ›Namenlose‹, das ›Schweigende‹, das immer da ist und doch immer übersehen, überhört und als Sinnloses übergangen werden kann. So ist das antlitzlose Wort doch gerade in der richtigen Verfassung, dass es uns von Gott reden kann, indem es das letzte Wort vor dem Verstummen ist.

Hat dieses Wort Zukunft? Bedenken wir einmal diese zwei Möglichkeiten. Das Wort ›Gott‹ soll verschwunden sein. Was ist dann? Dann ist der Mensch nicht mehr vor das eine Ganze seines Daseins gebracht. Denn eben das tut das Wort ›Gott‹ und nur es. Das Ganze der Wirklichkeit und des Daseins wäre für den Menschen nicht mehr da. Er würde sich restlos über dem je Einzelnen an seiner Welt und in seinem Dasein vergessen. Er würde nicht einmal ratlos, schweigend und bekümmert vor das Ganze der Welt und seiner selbst geraten.

Er würde nicht mehr merken, dass er nur noch Fragen, aber nicht die Frage nach dem Fragen überhaupt bedenkt. Der Mensch hätte das Ganze und seinen Grund vergessen und zugleich vergessen, dass er vergessen hat. Was wäre dann? Er würde aufhören, ein Mensch zu sein. Er hätte sich zurückgekreuzt zum findigen Tier. Wir können nicht sagen, dass dort schon Mensch ist, wo ein Lebewesen dieser Erde aufrecht geht, Feuer macht und einen Stein zum Faustkeil bearbeitet. Wir können nur sagen, dass dann ein Mensch ist, wenn dieses Lebewesen denkend, worthaft und in Freiheit das Ganze von Welt und Dasein vor sich bringt: mag er auch vor dieser einen Frage ratlos verstummen. Eigentlich existiert der Mensch nur als Mensch, wo er wenigstens als Frage, wenigstens als verneinende Frage ›Gott‹ sagt. Der Tod des Wortes Gott wäre das von niemandem mehr gehörte Signal, dass der Mensch gestorben ist.

Die zweite Möglichkeit, die zu bedenken ist: Dieses Wort ist, es gehört in besonderer, einmaliger Weise zu unserer Sprachwelt, ist selbst eine Wirklichkeit, und zwar für uns eine unausweichliche. Es ist nicht so, dass wir zunächst einmal aktiv handelnd ›Gott‹ denken und das Wort ›Gott‹ so zum ersten Mal in den Raum unseres Daseins einrücken. Sondern wir hören erleidend das Wort ›Gott‹. Es kommt auf uns in der Sprachgeschichte, in die wir, ob wir wollen oder nicht, eingefangen sind, die uns stellt und fragt, ohne selbst in unserer Verfügung zu sein. Die Sprachgeschichte ist so nochmals ein Bild und Gleichnis dessen, was sie vermeldet. Wir dürfen nicht meinen, weil der phonetische Klang des Wortes ›Gott‹ je von uns einzelnen abhängt, darum sei das Wort ›Gott‹ auch unsere Schöpfung. Es schafft eher uns, weil es uns zu Menschen macht. Das eigentliche Wort ›Gott‹ ist ja nicht einfach identisch mit dem Wort ›Gott‹, das unter tausend und aber tausend anderen Wörtern verloren in einem Wörterbuch steht. Denn dieses Wörterbuchwort ›Gott‹ steht nur stellvertretend für das eigentliche Wort, das aus dem wortlosen Zu-

sammenhang aller Wörter für uns anwest und die Wirklichkeit als ganze vor uns bringt, zumindest fragend. Dieses Wort ist; es ist in unserer Geschichte und macht unsere Geschichte.

Es ist ein Wort. Darum kann man es überhören, mit Ohren, die – wie die Schrift sagt – hören und nicht verstehen. Aber dadurch hört es nicht auf, da zu sein. Es überanstrengt uns, es mag uns gereizt machen ob der Ruhestörung in einem Dasein, das den Frieden des Übersichtlichen, Klaren, Geplanten haben will. Das Wort ist das letzte Wort vor dem anbetend verstummenden Schweigen gegenüber dem unsagbaren Geheimnis, freilich das Wort, das gesprochen werden muss am Ende allen Redens.

Wir kennen das lateinische Wort vom amor fati, der Liebe zum Schicksal. Das heißt eigentlich ›Liebe zum zugesagten Wort‹, zu jenem fatum, das unser Schicksal ist. Nur diese Liebe zum Notwendigen befreit unsere Freiheit. Dieses fatum ist im letzten das Wort ›Gott‹.«[32]

Erfahrung des Geistes

Die Sehnsucht scheint mir die einzige ehrliche Eigenschaft des Menschen. Ernst Bloch

Vieles auf Erden ist uns verborgen, dafür aber ist uns im Inneren ein geheimes Gefühl unserer lebendigen Verbindung mit einer anderen Welt gegeben, einer höheren und erhabeneren Welt. Fjodor Dostojewskij[33]

Von der Erfahrung des unbegreiflichen Geheimnisses führt der Weg weiter zu den beiden Händen des Vaters, zuerst zu jener, die den Menschen von innen berührt, prägt und führt.

ruach und näfäsch

Der Geist schwebte über den Wassern, heißt es zu Beginn. Die Gegenwart des Geistes ist das Milieu, in dem sich alles Folgende abspielt. Entwicklung kann sich ereignen, weil der Schöpfergeist über dem Chaos schwebt. Für die Bibel ist klar: Der Geist macht lebendig, und nur er. Das Leben liegt nicht in der Macht des Lebenden; die Lebendigkeit ist nicht schon mit dem Lebewesen gegeben. Gott formt den Menschen, wie aus Ton. Davon lebt er noch nicht. Erst als Gott ihm Atem einhaucht, beginnt er sich zu bewegen (Gen 2). Gerade so geht es dem erschlagenen Volk, dessen Knochen Ezechiel auf einer Ebene verstreut sieht. Es ist Werk des Geistes, dass sie zusammenrücken, dass Sehnen, Fleisch und Haut wachsen, dass sie wieder als Menschen kenntlich sind. Und es bedarf nochmals eines Kommens des Geistes, dass sie lebendig werden (Ez 37). Der Geist ist allen Lebens Atem. »Der Geist des Herrn erfüllt den Erdkreis, und er, der alles zusammenhält, kennt jeden Laut« (Weish 1,7).

Geist und Atem werden in vielen Sprachen mit dem gleichen Wort bezeichnet – atman, pneuma, spiritus, esprit, Odem … Auch hebräisch *ruach* – ein weibliches Wort – bedeutet beides, Atem und Geist. Der Lebensatem ist der Gottesgeist. Der Geist ist gerade jener Atem, der lebendig macht und den der Mensch nicht herstellen kann. Der Atem berührt den Menschen an seiner empfindlichsten Stelle – an seiner *näfäsch*. Das heißt Kehle so gut wie Seele. So wie der Atem die Kehle erst zu einem sinnvollen Organ werden lässt, so macht der Geist, das Innerste der menschlichen Innenseite, die Seele in ihren vielen Farben erst lebendig. Das späte Judentum kennt einen eigenen Begriff, *schekinah*, für die Einwohnung des bleibend jenseitigen Gottes im Menschen und damit in der Geschichte.[34] Kehle und Seele sind gleichermaßen verletzbar. Dem Beter wird die radikale Abhängigkeit bewusst:

Alle Geschöpfe warten auf dich …
nimmst du ihnen den Atem, so schwinden sie hin
und kehren zurück zum Staub der Erde …
Sendest du deinen Geist aus, so werden sie alle erschaffen.
und du erneuerst das Antlitz der Erde.
(Ps 104,27–30).

Der Geist zeigt sich im prophetischen Wort. Es sagt nicht, wie im verflachten heutigen Sinn, die Zukunft voraus. Propheten erkennen die Zeichen der Zeit, sie erfassen, was ein Ereignis oder eine Haltung in ihrer Tiefe bedeuten. Was unter der Oberfläche verborgen liegt, wird spürbar, weil der Geist Gottes den erkennenden Menschen von innen hell macht. Es entsteht Einsicht in Zusammenhänge. Die Einsicht strebt zum öffentlichen Wort.

Die Heilige Schrift hofft, dass der Geist sich der tiefsten Wunde annimmt und sie heilt. So wie Saul, den der Geist ergreift und in einen neuen Menschen verwandelt (1Sam 10,6). »Ich schenke euch ein neues Herz und lege einen neuen Geist in euch. Ich nehme das Herz von Stein aus eurer Brust und gebe euch ein Herz von Fleisch. Ich lege meinen Geist in euch und bewirke, dass ihr meinen Gesetzen folgt und auf meine Gebote achtet und sie erfüllt« (Ez 36,26f). Die Hoffnung gilt nicht nur einigen wenigen, sondern allen:

Danach aber wird es geschehen,
dass ich meinen Geist ausgieße über alles Fleisch.
Eure Söhne und Töchter werden Propheten sein,
eure Alten werden Träume haben
und eure jungen Männer haben Visionen.
Auch über Knechte und Mägde
werde ich meinen Geist ausgießen in jenen Tagen.
(Joel 3,1f).

Der im Menschen betet

Atem des Lebens, Geist der Erkenntnis: das Neue Testament vertieft und radikalisiert diese Erfahrungen. Am Gegenüber des Auferstandenen klärt sich der Blick nach innen. Jetzt kann der Blick den Geist in seiner Fülle wahrnehmen. Bei Johannes tritt der Geist als Lehrer und Tröster auf. Der Akzent liegt auf der dauerhaften Gegenwart, auf dem Bleiben (Joh 14,16f. 23; 1Joh 4,12–13). Johannes erfährt einen Tröster, der in alle Erkenntnis einführt und das Geheimnis Jesu mehr und mehr erschließt. Hier geht es nicht um Theorie. Getröstet werden beginnt nicht beim Gedanken, sondern beim Herz. Der Trost klärt und heilt den Blick von innen her. Bei Lukas steht die plötzliche Begeisterung im Vordergrund, an Pfingsten (Apg 2) und in den Reden des Paulus. Doch auch Lukas kann sagen: »Das Reich Gottes ist in euch« (17,21).

Paulus ist gegenüber charismatischen Aufbrüchen vorsichtig; er stellt ihnen das kritische Denken zur Seite. Plötzliche Begeisterung und Zungenrede bedeuten ihm wenig; entscheidend ist, was die Gemeinschaft aufbaut. Die wichtigere Erfahrung des Geistes findet Paulus in einem alltäglichen, beständigen Zustand. Der Geist hat in den Christen Wohnung genommen, die Christen sind der Tempel Gottes. So verlässlich wie Gott einst im Tempel anzutreffen war, so dauerhaft wohnt er nun in den Gläubigen.[35] Dieses Wohnen macht sich bemerkbar. Zunächst in der erstaunlichen Erfahrung, dass es zu beten beginnt. Da sehnt es sich in unaussprechlichen Seufzern, da öffnen sich Räume jenseits des Wortes: Der Geist ergreift der Christen Herz, er ruft: »Abba, lieber Vater« (Gal 4,6). Der Christ erfährt sich hineingenommen in eine Dynamik des Gebetes, die jenseits des Wortes liegt, hinabreicht in die ursprüngliche Sphäre des Seufzens und der Sehnsucht. Das ist für Paulus keine Theorie, sondern ursprüngliche Erfahrung: Der Christ, jeder Christ *erfährt*, wie es in ihm betet. Auf diese Weise bezeugt der Gottesgeist dem menschlichen Geist, dass er Kind Gottes ist.[36] Dieses Sehnen nimmt Paulus als die innerste Bewegung seiner selbst wahr, zu jeder Stunde, nicht nur wenn er sich mit Worten an Gott wendet. Und setzt es für alle Christen voraus. »Betet ohne Unterlass!«, legt er ihnen ans Herz (1Thess 5,17). Am tiefsten führt der Zweite Brief an die Korinther (4,7–11) in diese Erfahrung ein.

> *»Diesen Schatz tragen wir in zerbrechlichen Gefäßen; so wird deutlich, dass das Übermaß der Kraft von Gott und nicht von uns kommt. Von allen Seiten werden wir in die Enge getrieben und finden doch noch Raum; wir wissen weder aus noch ein und verzweifeln dennoch nicht; wir werden gehetzt und sind doch nicht verlassen; wir werden niedergestreckt und doch nicht vernichtet. Wohin wir auch kommen, immer tragen wir das Todesleiden Jesu an unserem Leib, damit auch das Leben Jesu* (also der Geist!) *an unserem Leib sichtbar wird. Denn immer werden wir, obgleich wir leben, um Jesu willen dem Tod ausgeliefert, damit auch das Leben Jesu an unserem sterblichen Fleisch offenbar wird.«*

Hier spricht einer, der sich in seiner ganzen Innerlichkeit einer Erfahrung anvertraut hat, die ihm nicht gehört, die viel größer ist als er selbst, die ihn trägt. Hier spricht einer, der in seiner Tiefe eins geworden ist mit der göttlichen Kraft: ein Mystiker. Und doch spricht er nicht von sich als einer elitären Ausnahme, nein, er spricht in der ersten Person Plural: Die Erfahrung ist für die Christen typisch.[37]

Es vertieft sich ein passiver Zug. Die Gegenwart des Geistes zeigt sich in einer Haltung, die zu hören versteht. Salomo hatte Gott um ein hörendes Herz als Inbegriff der Weisheit gebeten (1Kön 3). In der paulinischen Erfahrung des Betens wird der Geist nicht nur an bestimmten Aktivitäten, sondern an einer Öffnung für das Andere kenntlich, gewissermaßen an einem Schweigen. Es entsteht Raum für ein Wort, das mehr bedeuten darf als alles Sagbare. So dass »das Gerede, das Getue und das Gehabe zurückbleiben, und … ich ungehindert wachend jene leise Stimme in mir zu vernehmen vermag, die mich mit Gewissheit wissen lässt, wer ich eigentlich bin und wie es um mich steht.«[38]

Hatte das Alte Testament über das Verhältnis von Gott und Geistkraft nicht systematisch nachgedacht, so findet sich nun eine Fülle dreigliedriger Formeln, die Gott Vater, Jesus Christus und den Heiligen Geist in eine Reihe stellen. Bereits Paulus verwendet die dreigliedrigen Formeln so regelmäßig, dass sich auf eine liturgische Gewohnheit schließen lässt. Nach Matthäus 28,19 sendet der Auferstandene die Jünger zu allen Völkern, sie zu taufen *im Namen des Vaters, des Sohnes und des Heiligen Geistes*. Schon die erste christliche Generation erkannte im Geist die Gegenwart Gottes, lange bevor die philosophische und theologische Reflexion begann, diese Erfahrung systematisch zu durchdringen. Das blieb den folgenden Jahrhunderten überlassen. Es war ein langer Weg[39], bis die Christen auch philosophisch verantwortet sagen konnten: Ja, der Heilige Geist ist Gott, nicht weniger als der Vater. Im Jahr 381 erklärte das Konzil von Konstantinopel feierlich: »Wir glauben an den Heiligen Geist, der Herr ist und lebendig macht, der aus dem Vater hervorgeht, der mit dem Vater und dem Sohn angebetet und verherrlicht wird, der durch die Propheten gesprochen hat«[40]. Die klassischen Glaubensbekenntnisse der Christen haben alle eine dreifache Struktur: Sie bekennen den Glauben an den Vater, den Sohn und den Heiligen Geist. In dieser Frage gibt es zwischen orthodoxen, evangelischen und katholischen Christen keinerlei Streit.

Die Geister scheiden

Wie ist der Geist in der Erfahrung des Einzelnen da? Er ist da, indem er sich von der Haltung des Einzelnen radikal abhängig macht. »*Löscht den Geist nicht aus!*« mahnt Paulus (1Thess 5,19). Es ist möglich, den Geist traurig zu machen (Eph 4,30), ja ihm zu widerstehen (Apg 7,51). So weit reicht die Freiheit, dass sie den Geist auslöschen kann. Ein Mensch kann Schritte unternehmen oder hinnehmen, die seine Integrität dauerhaft beschädigen. Dann ist die *näfäsch* wie verengt, gar geknickt, und die *ruach* kann nicht frei fließen. Wer wollte nicht erschrecken ob solcher Verantwortung? »Darum muss uns alle die Sorge quälen, dass wir es sind, die den Geist auslöschen. Ihn auslöschen durch den Hochmut der Besserwisserei, durch die Herzensträgheit, durch die Feigheit, durch die Unbelehrbarkeit, mit denen wir neuen Impulsen, neuem Drängen« begegnen. Wenn man »brennend empfände, dass man auch gerichtet werden kann durch seine Unterlassungen, für seine diffuse, anonyme Herzenshärte und Herzensträgheit, für seinen schuldhaften Mangel an schöpferischer Phantasie und am Mut zum Kühnen, dann würde man sicher hellhöriger, vorsichtiger, zuvorkommender auf die leiseste Möglichkeit achten, dass irgendwo der Geist sich regt«[41]. Gott selbst will im armen Menschenherz Wohnung nehmen. Es ist tatsächlich der menschlichen Freiheit und ihren Prioritäten überlassen, ob der Geist Raum finden, gedeihen, sich ausdrücken darf.

Aber wie den Geist erkennen? Der Blick nach innen ist ja keineswegs eindeutig. Er ist unscharf und von Interessen des Erkennenden bestimmt, gleicht einem Leser, dem ein Buch in zwei Zentimetern Entfernung vor Augen steht – er erkennt nichts, er ist zu nahe daran, es fehlt an Distanz. Der Blick nach innen braucht Kriterien und Methoden, um überhaupt zu etwas erkennen. Wie also in den widersprüchlichen und durchaus nicht harmlosen Stimmen der Innerlichkeit auf den Geist hören? An welche Stimme sich halten? Schon bei Paulus fällt der Begriff *Unterscheidung der Geister* (1Kor 12,10. 14,29). Das Thema zieht sich wie ein roter Faden durch zwei Jahrtausende christlicher Suche.[42] Ausgehend von 1Thess 5,21 – *Prüft alles, das Gute behaltet!* – haben die Christen Kriterien entwickelt, an denen sich der Gottesgeist unter den vielen Stimmen erkennen lässt.

Nach 1Kor 12,3 kann niemand sagen, Jesus Christus sei der Herr, wenn er es nicht aus der Kraft des Geistes tut. Und der erste Johannesbrief (4,1–3) rät: »Traut nicht jedem Geist, sondern prüft die Geister, ob sie aus Gott sind; denn viele falsche Propheten sind in die Welt hinausgezogen. Daran erkennt ihr den Geist Gottes: Jeder Geist, der bekennt, Jesus Christus sei im Fleisch gekommen, ist aus Gott. Und jeder Geist, der Jesus nicht bekennt, ist nicht aus Gott.« Ein erstes Kriterium! Wo eine Kraft den Menschen orientiert auf die Gestalt Jesu, wo ein Mensch Jesus ähnlicher wird, da wirkt der Geist.[43] Dies Kriterium hängt davon ab, wie die Gestalt Jesu interpretiert wird. Es gibt auch nicht auf alle Fragen, die der Alltag stellt, klare Antwort. Und als alleiniges Kriterium ist es zu eng, weil der Geist nach biblischem Zeugnis auch vor und neben dem ausdrücklichen Christusbekenntnis auftreten kann.

Es liegt im Wesen des Geistes, dass er Gemeinschaft stiftet. Der inspirierte, der begeisterte Mensch zeigt sich, teilt sich mit, tritt in Kommunikation. Es eröffnet sich eine Geschichte, die mit dem Innersten unmittelbar zu tun hat. Diese engagierte Geschichte schafft gegenseitige Bezüge, es entsteht Gemeinschaft. Deshalb bezieht sich ein zweites Kriterium auf die Gemeinschaft (nicht nur der Christen). Vom Geist ist, was sie aufbaut (1Kor 6.12; 10,23; 12,12ff).[44] Was zerstörend wirkt, kann nicht vom Heiligen Geist sein: »*An ihren Früchten sollt ihr sie erkennen*« (Mt 7,16). Auch dieses Kriterium kann für sich allein nicht genügen. Es kann ja sein, dass ein Verhalten einen Konflikt aufdeckt und damit erst einmal Streit auslöst, der erst mit der Zeit zu Klärung und tieferem Frieden führt. Spätestens die Erfahrungen der Psychotherapie haben gezeigt, dass nicht jede Verunsicherung vom Bösen sein muss.

Für sich allein genommen, machen beide Kriterien zur Norm, was die Christen von Jesus und der Kirche schon verstanden haben.[45] Der Geist aber weist über das Bekannte hinaus, er setzt das göttliche Geheimnis in seiner Neuheit gegenwärtig.[46] Er öffnet ins Unsagbare, lässt Glaube, Hoffnung und Liebe aufbrechen. »*Er weht wo er will*« (Joh 3,8). Das Leben des Einzelnen und der Gemeinschaft, auch die Theologie kann den Geist nicht begreifen und auf Inhalte festlegen. Nur »*der Geist macht lebendig, der Buchstabe tötet*« (2Kor 3,6). Der Glaube an den Geist öffnet einen Raum, der zunächst dunkel bleibt, frei für das unverrechenbar Neue.

Psychologie der Geisterfahrung

Um offen zu sein für dieses Neue, haben die Christen weitere Kriterien entwickelt. Sie beziehen sich auf den inneren Zustand, nicht auf Wirkungen in der Außenwelt. Sie beschreiben Wirkungen, die in der Seele auftreten.[47] Die Psychologie der Geisterfahrung versucht den Raum zu ermessen, der sich zwischen Trost und Trostlosigkeit auftut. Paulus nennt sieben Früchte, an denen der Geist kenntlich ist: Liebe, Freude, Friede, Geduld, Freundlichkeit, Güte und Treue (Gal 5,22). Spätere geistliche Lehrer nennen Heiterkeit des Herzens und Geborgenheit; die Erfahrung, gern zu beten; die Sehnsucht nach Gott, ein überströmendes Gefühl. Auch wenn ein Mensch weinen kann, ist der Geist nicht fern. Demgegenüber ist die Quelle verschlossen, wenn Herzensstumpfheit, Traurigkeit und Verwirrung, Angst und Trockenheit die Atmosphäre bestimmen; wenn ein Mensch Lärm und Ablenkung sucht in oberflächlichen Bedürfnissen, wenn er es bei sich selbst nicht aushält; wenn es nur noch um Macht geht. Seit jeher gilt selbstbezogenes und eigennütziges Verhalten als Zeichen, dass der Geist nicht wirken darf.[48] Der Blick auf 2000 Jahre Christentum zeigt, dass Neuaufbrüche doch immer wieder in ähnlichen Kriterien ihren Ausdruck finden. Das Christentum zeigt eine erstaunliche Kontinuität der Erfahrung, nicht nur der Theorie.[49]

Nach Thomas von Aquin ist die wunderbare Erfahrung, *zu glauben, zu hoffen und zu lieben*, ein sicheres Zeichen. Denn diese Haltungen kann der Mensch durch ethische Anstrengung nicht erreichen; es gibt sie nur, wo ein Mensch ergriffen und erhoben wird durch die Kraft Gottes selbst. Wer vertraut, hofft und liebt, der nimmt sich selbst und sein Dasein an, gibt sich hin, kehrt nicht mehr rechnend zu seinem Interesse zurück. Da ereignet sich die unsagbare Öffnung vor dem Geheimnis. Deshalb ist die Erfahrung des Geistes das Wichtigste und Stärkste des Neuen Bundes und Ursprung christlicher Identität.[50]

Die Bibel rechnet damit, dass diese Erfahrung außerhalb des Christusbekenntnisses auftreten kann. »Jeder (!), der liebt«, und »jeder, der die Gerechtigkeit tut, ist aus Gott gezeugt« (1Joh 2,29; 4,7). Karl Rahner betont, wie der begeisterte Mensch sich selbst und das unbegreifliche Gegenüber annimmt. Er lässt sein Ich los, wie im ausatmenden Verströmen.[51]

»Wo die eine und ganze Hoffnung über die Einzelhoffungen hinaus gegeben ist, die alle Aufschwünge, aber auch alle Abstürze noch einmal sanft in schweigender Verheißung umfängt,

- *wo eine Verantwortung in Freiheit auch dort noch angenommen und durchgetragen wird, wo sie keinen angebbaren Ausweis an Erfolg und Nutzen mehr hat,*
- *wo ein Mensch seine letzte Freiheit erfährt und annimmt, die ihm keine irdischen Zwänge nehmen können,*
- *wo der Sturz in die Finsternis des Todes noch einmal gelassen angenommen wird als Aufgang unbegreiflicher Verheißung,*
- *wo die Summe aller Lebensrechnungen, die man selbst nicht noch einmal berechnen kann, von einem unbegreiflichen Anderen her als gut verstanden wird, obwohl man es nicht nochmals ›beweisen‹ kann,*
- *wo die bruchstückhafte Erfahrung von Liebe, Schönheit, Freude als Verheißung von Liebe, Schönheit, Freude schlechthin erlebt und angenommen wird, ohne in einem letzten zynischen Skeptizismus als billiger Trost vor der letzten Trostlosigkeit verstanden zu werden,*

– *wo man in eine schweigende Finsternis hinein zu beten wagt und sich auf jeden Fall erhört weiß, obwohl von dort her keine Antwort zu kommen scheint, über die man noch einmal räsonieren und disputieren kann,*
– *wo das Fallen das wahre Stehen wird*
– *wo … (man könnte, wie gesagt, noch lange weiterfahren),*
da ist Gott und seine befreiende Gnade. Da erfahren wir, was wir Christen den Heiligen Geist Gottes nennen.«[52]

Die Erfahrungen, welche 120 Jahre Psychotherapie zugänglich gemacht haben, drücken verwandte Kriterien in neuen Worten aus. Wenn ein Mensch das Unannehmbare (nämlich sich selbst) anzunehmen lernt, wenn jenes Unannehmbare sich in neuer Atmosphäre öffnen und weich werden darf, wenn es bearbeitbar wird und schließlich heilt – da wirkt der Heilige Geist: Die Erfahrung, geheilt und verwandelt zu werden, ohne dass sich an den äußeren Schwierigkeiten des Lebens viel ändern muss, ist eine ursprüngliche Gotteserfahrung. Eugen Drewermann, Eugen Biser und Anselm Grün haben sie nachdrücklich in das spirituelle und theologische Gespräch eingebracht. Die Begegnung mit der Psychotherapie hat dazu geführt, dass viele Christen den Geist in der Stimme der *Sehnsucht* zu erkennen gelernt haben.[53] Der Sehnsucht wohnt stets ein Moment der Hingabe inne. Auch wo ein Mensch sich sehnt, etwas zu bekommen oder zu erreichen, ist damit jeweils ein Zustand angezielt, der eine tiefere Gabe seiner selbst ermöglicht. Diese Hingabe erkennt die Gläubige in der Gestalt Christi. Christus ist der Spiegel, in dem die innerste Kraft kenntlich wird. Erst seine Hingabe ohne Wenn und Aber drückt die Radikalität menschlicher Sehnsucht aus. Das Vorbild Christi hilft der Christin, sich der innersten Herausforderung anzuvertrauen, die sie in ihrer Seele vorfindet. In diesem Sinn kann Paulus sagen (Gal 2,20): »Nicht mehr ich lebe, sondern Christus lebt in mir.« Die Sehnsucht wird erkennbar und annehmbar als die Sehnsucht Christi. Dieses Wiedererkennen des Eigenen ist klar zu unterscheiden vom Idealisieren der Gestalt Jesu. Nicht der Gläubige tut hier etwas, und sei es noch so fromm: nein, er wird ergriffen von einer durchaus unheimlichen Kraft, in der er erst Schritt für Schritt die Ähnlichkeit zu Christus, zum wahren Menschen zu erkennen lernt. Der Prozess zielt nicht auf ein pathetisches Bekenntnis, sondern auf die eher stille Erfahrung eines Entsprechens, auf einen Frieden, der sich in einem schöpferischen Projekt ausdrückt.

Im Traum, darin stimmen die meisten Psychotherapeuten mit der Bibel überein, tritt der Mensch in Kontakt mit einem größeren Gegenüber – nenne man es nun Unbewusstes oder Gott. Für Freud war der Traum der Königsweg zum Unbewussten. Die Bibel rechnet selbstverständlich damit, dass Gott im Traum spricht, durchaus nicht nur vage, sondern klar und verbindlich! In der Josefsgeschichte, beim freien Wunsch Salomos, im Danielbuch und bei Matthäus spielt die Begegnung mit Gott im Traum eine wichtige Rolle.[54] Ein Mensch, der seine Träume wahrnimmt und mit sich trägt, bis er eine Brücke findet zwischen der Gefühlsfarbe des Traums und einer äußeren Situation, hat einen Zugang zur ursprünglichen Gegenwart gefunden.

Es gibt ein Gefühl für die eigene *Lebendigkeit*. Der Mensch hat von ihr neben der körperlichen auch eine seelische Erfahrung. Er kann sich lebendig fühlen oder leer, wach oder stumpf. Wenn ein Mensch sich lebendig und wach fühlt, findet der Geist Raum. Was Leere oder ein stumpfes Gefühl nach sich zieht, nimmt dem Geist den Raum. Diese Erfahrung wurde für Ignatius von Loyola der Schlüssel zu seinem geistlichen Weg. »Es gab jedoch diesen Unterschied: Wenn er an das von der Welt dachte, vergnügte er sich sehr. Doch wenn er danach aus Ermüdung davon abließ, fand er sich trocken und unzufrieden. Und wenn er daran dachte, barfuß nach Jerusalem zu gehen und nur Kräuter zu essen und alle übrigen Strengheiten auszuführen, von denen er las, dass die Heiligen sie ausgeführt hatten, war er nicht nur getröstet, während er bei diesen Gedanken war, sondern blieb auch, nachdem er davon abgelassen hatte, zufrieden und froh … Und allmählich begann er, die Verschiedenheit der Geister zu erkennen«.[55] Es ist ein wichtiger Unterschied, ob eine Entscheidung einen Menschen lebendiger macht oder nicht. Ein Mensch kann wissen, ob er wächst oder auf der Stelle tritt. Ein Mensch kann auch wissen, dass er für sein Wachstum Verantwortung trägt. Er kann wissen, dass es auf seine Entscheidungen ankommt, ob der Geist ausgelöscht wird oder sich weiter entfalten kann. Die Erfahrung ursprünglicher Lebendigkeit und ihres Wachsens ist eine Gotteserfahrung. »Die Ehre Gottes ist der lebendige Mensch«.[56] Solches Wachstum geschieht nicht im luftleeren Raum, sondern hat es regelmäßig mit Gegenkräften zu tun, außen und innen – und mit der Befreiung von ihnen. Die lateinamerikanische Theologie hat auf jene Worte aufmerksam gemacht, die den Geist als Befreier von Sklaverei erfahren. »*Wo der Geist des Herrn wirkt, da ist Freiheit.*«[57]

Wie nie zuvor steht heute die menschliche *Kreativität* im Zentrum der Aufmerksamkeit. Immer weiter reichende technische Möglichkeiten machen sinnenfällig, dass der Mensch das Werk der Schöpfung weiterführt – durchaus im Sinne des Erfinders, denn die Welt ist unfertig, ein Ort zum Weiterbauen (Röm 8; 1Kor 3)! Der Mensch ist berufen, Mitschöpfer Gottes zu sein, und wie anders könnte er es werden, als indem er durchlässig würde für den Schöpfergeist in seinem Herzen? Gewiss gibt es Werke, deren Wachstum das Ganze schädigt: Schund, Plagiat und Verbrechen. Nicht jedes Werk ist schon Frucht des Geistes. Doch wo ein Mensch etwas wirklich Neues, etwas ursprünglich Schönes hervorbringt, wo er schöpferisch wirkt, wo er der Welt ein menschliches Antlitz gibt, kann er das nicht anders tun als in Einheit mit dem Schöpfergeist.[58] Das wird noch deutlicher, wenn ein Mensch auch Leid und Scheitern anzunehmen gelernt hat, die wohl Schmerzen verursachen, aber nicht zerstören können, was zuinnerst an Wertvollem gewachsen ist. Wo ein Mensch lieber ungerechtes Leid auf sich nimmt, statt zur Gewalt zu greifen, bringt der Geist je neu ein Bild jenes Ersten hervor, der das Leid annahm und die Gewalt überwand.

Soziologie der Geisterfahrung

Neben Theologie und Psychologie trägt auch die gesellschaftliche Erfahrung zur Erkenntnis des Geistes bei. Die Christen kennen ein Wirken des Heiligen Geistes, das nicht von einem kirchlichen Anstoß ausgeht, auch keinen kirchlichen Namen trägt, sondern als etwas Neues in der Geschichte auftritt.[59] Die Christen lernen in den Strömungen der Geschichte etwas über die göttliche Gegenwart und werden zu einem tieferen Verständnis der Frohen Botschaft geführt.

Johannes XXIII. hat die *Zeichen der Zeit* zu einem Grundbegriff der katholischen Lehre gemacht.[60] Neben natürlichen und konventionellen Zeichen tritt hier eine dritte Art von Bedeutungsträgern auf. Natürliche Zeichen tragen ihre Bedeutung in ihrer unmittelbaren Gegebenheit: Gras in der Wüste spricht vom Wasser, eine Spur im Schnee vom Tier, das sie hinterließ. Konventionelle Zeichen erschafft sich der Mensch: Worte, Gesten wie den Händedruck, Bilder wie den Pfeil an einer Kreuzung. Ein Zeichen der Zeit schließlich ist eine menschliche Tat, die über ihre unmittelbare Bedeutung hinaus Symbol einer großen Bewegung wird. Der Sturm auf die Bastille befreite 1789, bewacht von Veteranen und Invaliden, gerade sieben unbedeutende Gefangene und wurde doch weltbekannt als Symbol der Revolution gegen das *ancien régime*. Das Wesentliche ist nicht das historische Detail, sondern die geschichtliche Kraft, die in ihm Gestalt gewinnt. In einem Zeichen der Zeit wird eine Gemeinschaft ihrer Kräfte und Hoffnungen inne. Diese Bedeutung ist nicht nachträglich an das Faktum angefügt; die Bewusstwerdung ereignet sich gerade im konkreten Ereignis.[61]

In der Mitte des 20. Jahrhunderts sieht Johannes XXIII. solche wesentlichen geschichtlichen Kräfte im wirtschaftlichen, kulturellen und politischen Aufstieg der Arbeiterklasse, im Eintritt der Frau in das öffentliche Leben und in der Selbstbestimmung der Kolonialvölker. Er anerkennt, dass sich diese Bewegungen auf die Menschenrechte stützen. Sie bestünden darauf, dass niemand als seelenlose Sache oder bloßes Werkzeug angesehen werden dürfe. Ein Zeichen der Zeit sei darum auch das Bestreben, die Menschenrechte als Grundrechte in den Verfassungen festzuschreiben und Strukturen zu schaffen, welche sie juristisch durchsetzen. Weiter nennt der Papst die wachsende Überzeugung, dass Streit zwischen Völkern nicht mit Waffen, sondern durch Verträge und Verhandlungen zu regeln sei; schließlich die Gründung der Vereinten Nationen 1945 und deren Allgemeine Erklärung der Menschenrechte 1948.[62] In diesen Ereignissen wirkt für Johannes XXIII. die Sorge um den Frieden angesichts schrecklicher Waffen, welche zur Erkenntnis der eigenen Grenzen und zur Wertschätzung spiritueller Werte führe. Und es wirke ein Prozess des Zusammenwachsens der Menschheit in gegenseitiger Freundschaft und Entwicklung.[63]

In diesen Bewegungen erkennt Johannes XXIII. die Menschenfreundlichkeit der Frohen Botschaft wieder. Darum setzt er sich für Anliegen ein, die ihren Einfluss nicht auf Anregung und mit Unterstützung der Kirche gewonnen haben. Er anerkennt die Menschenrechte ausdrücklich und im Detail, ein Rechtsakt, der nicht mehr rückgängig zu machen ist.[64] Der Mensch habe ein Recht auf Arbeit, auf deren freie Übernahme, auf gerechten Lohn und Arbeitsbedingungen, die ihn nicht beschädigten.[65] Die Menschenrechte sollten durch die staatliche Gesetzgebung ausdrücklich garantiert werden. Um sie wirksam zu machen, brauche es angemessene gesellschaftliche Einrichtungen, etwa die Sozialversicherung. Zugleich sieht der Papst Grundpflichten. Ein jeder habe die Rechte der Mitmenschen anzuerkennen und großherzig seinen Beitrag zum Zusammenleben zu leisten. Dem Privateigentum wohne eine soziale Verpflichtung inne. Die reichen Staaten sollten den Völkern, deren wirtschaftliche Entwicklung erst beginne, alle mögliche Hilfe leisten. Dabei sollten sie die kulturellen Eigenarten sorgfältig achten und sich vor der Absicht hüten, indirekt weiter eine Vorherrschaft auszuüben. Das Gemeinwohl fordere internationale Institutionen, die mit weit reichender Macht ausgestattet sein müssten. Sie müssten im Einverständnis, nicht mit Gewalt entstehen.[66]

Wer kann nun die Spur des Geistes in den Ereignissen lesen? Gerade jene prophetischen Menschen, die mit den Hoffnungen ihres Volkes leidenschaftlich verbunden sind. Sie und nur sie können die Frohe Botschaft gegenwärtig setzen, indem sie sie vom Sehnen der Zeit aus hören. »Der Prophet ist wirklichkeitsnäher als der Gelehrte, weil er in der Geschichte lesen kann. Er nimmt, jenseits abstrakter Prinzipien, die Zeichen der Zeit wahr.«[67] Deshalb ist die Verbundenheit mit den Hoffnungen, welche eine Zeit umtreiben, ein Kriterium, ob ein Mensch vom Heiligen Geist ergriffen ist. Der Gottesgeist zeigt sich in einer leidenschaftlichen, mehr emotionalen als analytischen Verbundenheit mit den großen Fragen einer Epoche.[68] Für sich genommen kann diese Verbundenheit zu den schrecklichsten Verirrungen beitragen. Ihre Kraft beweisen die Kriterien im Zusammenwirken.

Der Begriff der Zeichen der Zeit ist eine schöne Frucht der gegenseitigen Durchdringung von geschichtlichem Denken und Theologie im 20. Jahrhundert. Indem die Christen geschichtlich zu denken lernen, werden sie der spirituellen Potentiale inne, die in den Bewegungen der Geschichte je neu gegeben sind. 50 Jahre nach *Pacem in terris* treten neue Zeichen der Zeit auf. Zu ihnen zählt der gewaltlose Zusammenbruch der kommunistischen Diktaturen 1989, das Bewusstwerden der Armen in Basisgemeinden, der Einsatz zahlreicher NGOs für die Menschenrechte, etwa von Amnesty International und Peace Watch, und die weltweite Solidarität, zu dem der Klimawandel die Menschheit bewegt.

Die Vielzahl der Kriterien zeigt, dass der Geist nicht so unfassbar und vage ist, wie es auf den ersten Blick scheint. Zugleich verwirrt die lange Liste. Bei welchem Kriterium beginnen? Und wie gewichten? Offenbar gibt es viele Formen christlichen Umgangs mit sich selbst. Ein jeder ist herausgefordert, den passenden Weg zu finden. Und alle Kriterien bedürfen des kritischen Blicks des Anderen, um klar zu werden. Erst indem die innersten Regungen dem geistlichen Vater oder der Bibel lesenden und betenden Gemeinschaft vorgelegt und ihrem Urteil unterworfen werden, kann sich die Spreu vom Weizen trennen. Erst eine entsprechend starke Beziehung nach außen vermeidet, dass ein Mensch in seiner Innerlichkeit untergeht und um sich selbst kreist. Ein Ethos, das den Geist ernst nimmt, kann nur dialogisch sein, offen für das Wort des Anderen und seine Kritik.

Freiheit und Verwandlung

Der Geist ist nicht nur da, wo Menschen sich ausdrücklich auf Gott beziehen. Das Gegenteil zu behaupten, unterstellte das Göttliche dem menschlichen Beherrschen und öffnete religiöser Arroganz Tür und Tor. Doch auch das Andere ist wahr. Es kommt darauf an, ob ein Mensch das Wort spricht: Gott. Anbetend, sich selbst vergessend, als letztes Wort vor dem Verstummen – oder ob er es unterlässt. Ob er lieber im Unbestimmten bleibt, alles offen lässt, sich am Ende nicht festlegt. Bei einem Liebhaber ist es leicht, den Unterschied einzusehen. Sucht er das Wort, legt er sich fest – oder nicht? Gerade so macht es einen Unterschied, ob ein Mensch in seinem Innersten sagt: Ja, hier bin ich – oder ob er nichts sagt. Wenn der Mensch nicht einfach nur existieren will, egal wie, sondern wenn er sein Dasein auf menschliche Weise vollziehen will, dann bedeutet seine Antwort etwas, seine betende Antwort. Ganz gerecht wird der Mensch dem Geist in seinem Herzen erst, wenn er ihn fließen lässt, auf einem Niveau, das dem Menschen angemessen, eben menschlich ist: in sprachlicher Gestalt und bewusster Entscheidung. Die Gegenwart des Geistes kommt zu sich, wo ein Mensch betet. Schwiege auch der Horizont, bliebe er undurchdringlich, käme ein Mensch sich albern und lächerlich vor: Es kommt darauf an, ob der Geist die letzte Tat vor dem Verstummen bestimmen darf, oder ob es doch die Vorsicht des Ich ist, das sich alle Möglichkeiten offen hält.

Der Geist verwandelt von innen heraus. Ein Mensch kann durchsichtig werden für die göttliche Kraft, die in seinem Innersten wohnt. Gerade in dem Maße, in dem ein Mensch sich ihm anvertraut, kann der Geist sich ihm geben. Der Geist zwingt sich niemand auf, sondern erfüllt einen jeden nach dem Maß, in dem er Raum erhält. Der Geist steht »jedem, der ihn empfängt, bei, wie wenn er der Einzige wäre, und gewährt doch allen jeweils die Fülle der Gnade. Die an ihm Anteil haben, genießen ihn nach dem Maß ihrer Kräfte, nicht nach demjenigen seiner Macht«[69].

Dieses Durchsichtigsein durchdringt das alltägliche Entscheiden, es stellt sich in einem hohen Ethos dar und ist unter anderem an ihm kenntlich. »Ja, durch den Geist werden die Herzen erhoben, die Schwachen bei der Hand genommen, die Fortschreitenden zur Vollendung geführt. Indem er die von der Sünde Gereinigten erleuchtet, macht er sie durch die Gemeinschaft mit sich zu geistlichen Menschen. Wie helle und durchscheinende Körper unter einfallendem Strahl selbst zu leuchten beginnen und aus sich heraus ein eigenes Licht werfen, so strahlen die geisttragenden Seelen, die vom Heiligen Geist Erleuchteten, die jetzt selbst geistlich geworden sind, diese Gnade nun auf andere Menschen aus.«[70]

Komm, Heilger Geist, der Leben schafft

Im Geist begegnet der Mensch einer Kraft, unverfügbar und von letzter Bedeutung, die sich doch abhängig macht von Offenstehen und Verschlossensein der Menschenseele. Auch diese Erfahrung führt, wie von selbst, in Staunen, Verstummen und Gebet. Ihm gibt der Hymnus *Veni creator spiritus* – Komm Heilger Geist der Leben schafft – Worte. Er stammt von Hrabanus Maurus, einem Mönchsgelehrten des 9. Jahrhunderts. In der Liturgie ist der Geist niemals so blass geworden wie in manchen Epochen des theologischen Denkens. In bis heute unverbrauchter Frische singt der frühmittelalterliche Mönch von einer lebendigen Erfahrung.

Komm, Heilger Geist, der Leben schafft,
erfülle uns mit deiner Kraft.
Dein Schöpferwort rief uns zum Sein:
nun hauch uns Gottes Odem ein.

Komm, Tröster, der die Herzen lenkt,
du Beistand, den der Vater schenkt,
aus dir strömt Leben, Licht und Glut,
du gibst uns Schwachen Kraft und Mut.

Dich sendet Gottes Allmacht aus
im Feuer und in Sturmes Braus;
du öffnest uns den stummen Mund
und machst der Welt die Wahrheit kund.

Entflamme Sinne und Gemüt,
dass Liebe unser Herz durchglüht
und unser schwaches Fleisch und Blut
in deiner Kraft das Gute tut.

Die Macht des Bösen banne weit,
schenk deinen Frieden allezeit.
Erhalte uns auf rechter Bahn,
dass Unheil uns nicht schaden kann.

Lass gläubig uns den Vater sehn,
sein Ebenbild, den Sohn, verstehn
und dir vertraun, der uns durchdringt
und uns das Leben Gottes bringt.

Den Vater auf dem ew'gen Thron
und seinen auferstandnen Sohn,
dich, Odem Gottes, Heil'ger Geist,
auf ewig Erd und Himmel preist. Amen.[71]

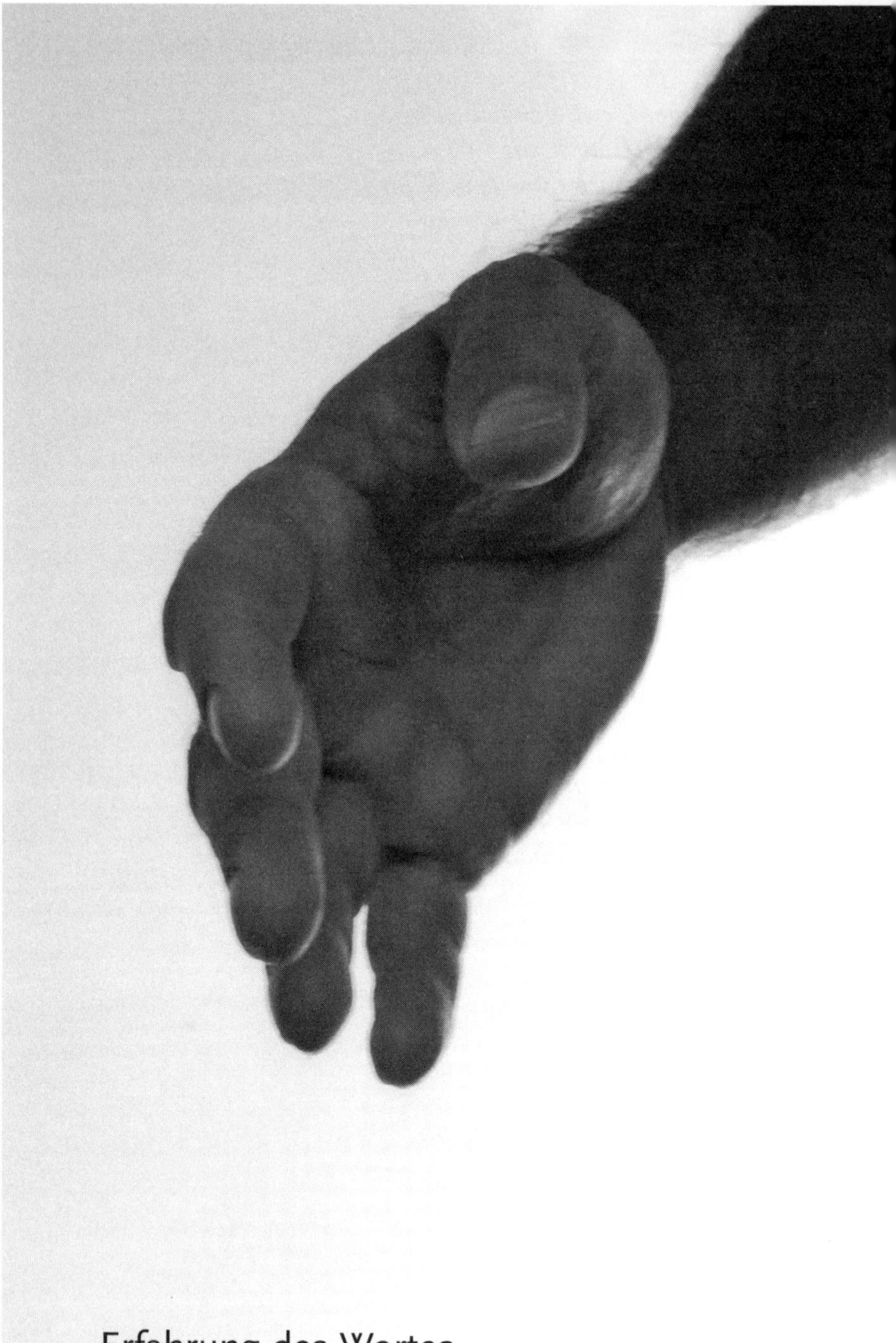

Erfahrung des Wortes

Das Wort Christi ist ein Wort des Schweigens. Alles andere ist Literatur. Julien Green

Ja. Das gute Wort, das dem Menschen in der Außenwelt begegnet, die andere Hand des Vaters, tritt nun ins Zentrum des Gedankengangs. Es gibt das gute Wort. Seine erste Gestalt ist das tröstende Wort der Mutter. Ihr sanfter Ton bringt das Ja zum Leben auf den Weg. Das Lob des Vaters richtet es auf; die Ermahnung macht es wachsen. Worte geben der werdenden Innenwelt ihre Struktur. Es gibt auch schlimme Worte. Es gibt Verletzungen – achtlos, respektlos, unbegreiflich. So oder so: jede menschliche Welt hat ihre Form aus einer Geschichte, aus Begegnungen mit den vielen Worten und dem einen Wort, selbst wenn es nur schweigend spräche, verborgen, leicht zu übersehen.

Der Anweg

Israel nimmt in den Erlebnissen seiner Geschichte etwas wie ein Angesprochensein wahr: ein vages Gefühl, das schweigend spricht. Schritt für Schritt versucht das Menschenwort, das schweigende Wort auszudrücken. Das Erlebnis verdichtet sich zum gesprochenen Wort und deutet das vage Gefühl. Das Wort ersetzt die schweigende Anwesenheit nicht – wie könnte es das wollen! – aber es leitet an, sie zu vernehmen und in Entscheidungen darzustellen. Das Wort kann gut nennen – segnen –, was für die Erfahrung nicht eindeutig gut ist, sondern von Leid beschädigt und von Finsternis umschattet. Das erste Wort Gottes an sein Volk ist zugleich Ruf und Segen. Abraham wird es gesagt, bevor er irgendetwas geleistet hätte. »Zieh weg aus deinem Land, von deiner Verwandtschaft und aus deinem Vaterhaus in das Land, das ich dir zeigen werde. Ich werde dich zu einem großen Volk machen, dich segnen und deinen Namen groß machen. Ein Segen sollst Du sein. Ich will segnen, die dich segnen; wer dich verwünscht, den will ich verfluchen.

Durch dich sollen alle Geschlechter der Erde Segen erlangen« (Gen 12,1–3). Ein Auftrag sich aufzumachen – und das Versprechen: Ich will dich segnen! In deinen Konflikten stehe ich zu dir – du aber bleibe nicht in Konflikten stecken, sondern werde zum Segen für alle! Das gute Wort ist eine Herausforderung. Es verlangt, die Türe wenigstens ein kleines Stück zu öffnen. Segen kann sich ereignen, wo ein Mensch seiner Erfahrung zutraut, dass sie ein Segen sein könnte. So dass er seine Erfahrung einlässt in die ungetroste Dunkelheit seines Ich. Wo der Segen ein Herz berührt, da ändert sich etwas an seiner Haltung. Und umgekehrt: wo sich an der Haltung nichts ändert, da hat der Trost das arme Herz noch nicht wirklich berührt.

Abraham macht die Erfahrung, dass der wahre Gott keine Menschenopfer will (Gen 22). Das gibt zu erzählen, von einer Generation zur nächsten. Das Erzählte deutet künftige Erfahrung. Judentum und Christentum sind keine Ideologien, sondern ein Kommunikationsprozess zwischen dem Menschen, der wahrnimmt und deutet, und seinem geheimnisvollen Gegenüber – ein sprachlicher Prozess im Raum des Unsagbaren. In der Geschichte Israels stellt das Wort immer deutlicher die unbegreifliche Eigenart und den Willen jenes Gegenübers dar.

Zum Segen tritt die Mahnung. Wozu? Das ungeordnete Vielerlei der Wahrnehmungen und Möglichkeiten lenken den Menschen ab, den unerfahrenen zumal. Kein Kind kann ohne Erziehung seinen Weg finden. Wird der Freiraum zu groß, reagiert es nicht mit Freude und Kreativität, sondern mit Verwirrung und Depression. Es ist für den werdenden Menschen von großem Wert, Grenzen gesetzt zu finden: Leitplanken eigenständigen Gestaltens. Israel versteht das Gesetz und seinen Kern, die Zehn Gebote, nicht als Last, sondern als Auszeichnung. »An keinem Volk hat er so gehandelt, keinem sonst seine Rechte verkündet. Halleluja!« Schritt für Schritt formt der göttliche Erzieher das Volk nach seinem Bild, zu größerer emotionaler Reife, zu tieferer Erkenntnis.[72]

Das Gebot ersetzt den Segen nicht, er ist unwiderruflich. Gott knüpft ihn nicht an Bedingungen. Das ist sehr wichtig.

Der Segen bleibt gültig, auch wenn Israel sich nicht recht verhält. Das Gesetz droht mit Strafe, aber nicht mit Vernichtung und endgültiger Verurteilung.

Wenn sie meine Gesetze entweihen,
meine Gebote nicht mehr halten,
dann werde ich ihr Vergehen mit der Rute strafen
und ihre Sünde mit Schlägen.
Doch ich entziehe Israel nicht meine Huld,
breche ihm nicht die Treue.
Meinen Bund werde ich nicht entweihen;
was meine Lippen gesprochen haben, will ich nicht ändern.[73]

Das ist die helle Seite. Schatten gibt es auch. Israel scheitert an seinem unbegreiflichen Gegenüber, fällt ab, erleidet Zerstörung, ja Vernichtung. Israels Weg lässt sich als Abfolge schwerer Enttäuschungen beschreiben, in denen die Einheit von Gott und Welt zerbricht. Schritt für Schritt entfernt sich Israel von den Vorstellungen der benachbarten Völker: nicht freiwillig, sondern jeweils gezwungen durch eine ausweglose Situation. Gott enttäuscht Erwartungen militärischer Unbesiegbarkeit und staatlicher Dauerhaftigkeit. In der Apokalyptik des Buches Daniel zerbricht sogar die Erwartung, die gegenwärtige Welt sei noch zu retten.[74] Das Scheitern ist von Anfang an ein wesentliches Element der Geschichte mit Gott. Mit dem begreifenden Wort wächst in Israel die Erfahrung des Unbegreiflichen.

Der Messias

Und es wächst die Erwartung. Die Hoffnung beginnt, wie träumend, eine Gestalt zu zeichnen, die etwas ganz Neues heraufführt. Eine klare, gar einheitliche Vorstellung ist es nicht. Dan 7,13f sieht »einen wie einen Menschensohn, der mit den Wolken des Himmels kommt. Alle Nationen, Völker und Sprachen müssen ihm dienen. Seine Herrschaft ist eine ewige, unvergängliche Herrschaft. Sein Reich geht niemals unter.« Hier hoffen die Ohnmächtigen auf einen allmächtigen Gottkönig. Ihr Hoffen bleibt der Sprache der Macht verhaftet.

Jes 11,1–4 verbindet die Erwartung eines Messiaskönigs mit der Hoffnung auf den Geist, der ihn beseelt. Seine Macht setzt er gerecht für die Armen ein. In ihm wird die göttliche Weisheit sichtbar.

Ein Reis wird hervorgehen aus Isais Stumpf
und ein Spross wird aus seinen Wurzeln hervorsprießen.
Und auf ihm wird ruhen der Geist Jahwes;
Geist der Weisheit und der Einsicht,
Geist des Rates und der Stärke,
Geist der Erkenntnis und der Furcht Jahwes.
Und an der Furcht Jahwes hat er sein Wohlgefallen
Er richtet nicht nach dem Augenschein
und entscheidet nicht nach dem bloßen Hörensagen,
sondern mit Gerechtigkeit richtet er zugunsten des Geringen
und tritt in Geradheit ein für die Armen im Lande.[75]

Die Lieder vom Gottesknecht Jes 42 und 49–53 vertiefen die Hoffnung weiter. Sie zeichnen eine Gestalt jenseits von Macht und Glanz. Sie wird nicht nur das Recht aufrichten, sondern jedem Einzelnen so nachgehen, so dass er Heilung findet. Alles Großartige tritt zurück; an seine Stelle tritt eine sorgfältige Auseinandersetzung mit dem Leiden. Die vier Lieder vom Gottesknecht erwarten einen, der anders ist, ganz anders als die Mächtigen der Erde.

Hier ist mein Erwählter, mein Knecht, den ich stütze;
das ist mein Erwählter, an ihm finde ich Gefallen.
Ich habe meinen Geist auf ihn gelegt,
er bringt den Völkern das Recht.
Er schreit nicht und lärmt nicht
und lässt seine Stimme nicht auf der Straße erschallen.
Das geknickte Rohr zerbricht er nicht,
und den glimmenden Docht löscht er nicht aus.

Ja, er bringt wirklich das Recht …
Ich, der Herr habe dich geschaffen und dazu bestimmt …
blinde Augen zu öffnen,
Gefangene aus dem Kerker zu holen, und alle,
die im Dunkeln sitzen,
aus ihrer Haft zu befreien.[76]

Indem der Knecht Gottes das Recht bringt, provoziert er Streit mit jenen, die von Unrecht profitieren.

Der Herr machte meinen Mund
zu einem scharfen Schwert …
Er machte mich zum spitzen Pfeil
und steckte mich in seinen Köcher. (Jes 49,2)

Der Knecht gerät in Konflikt und Scheitern, wird verachtet, angeklagt und zu Tode gebracht. Indem er das Leiden annimmt, schafft er nicht neue Schuldige, sondern öffnet ein großes Ja, das allen zugute kommt. So zeigt sich im Leiden des Unschuldigen der Plan Gottes. Durch das Leiden seines Knechts schafft Gott die Schuld aller – ausdrücklich auch der Nichtjuden – aus der Welt. Auch der Knecht geht nicht verloren: obwohl er stirbt, werde er doch Nachkommen sehen und lange leben (Jes 53). Viele Jahrhunderte vor Jesus von Nazareth ist hier von der Auferstehung eines Toten die Rede.

Zahlreiche weitere jüdische Texte vor und um die Zeitenwende – auch jene aus dem Essenerkloster Qumran am Toten Meer – geben Zeugnis von einer Atmosphäre brennenden Wartens auf den Messias. Wer nach Geschichte und Identität des Menschen aus Nazareth fragt, stößt auf Schritt und Tritt auf jenes heiße Erwarten. Die Frage nach Jesus kommt daran einfach nicht vorbei. Er ließ sich von anderen Messias nennen und wurde als angeblicher Messias hingerichtet; alle Schriften des Neuen Testamentes verehren ihn als Messias – griechisch *christos*, was der neuen Bewegung alsbald den Namen Christen eintrug.

Unsere Zeit kennt keine vergleichbare Erwartung und damit auch keine vergleichbaren Worte. Seher und Mystiker, Retter und Erlöser bleiben heute fern und abstrakt. Im Deutschen hat am ehesten das altmodische Wort Heiland einen genügend tiefen Klang: einer, der endlich kommt, jene Brüche und Abgründe zu heilen, die das Deutsche deutlicher und bekümmerter empfindet als andere Sprachen. Einen politischen Heiland erwartet Europa heute mit guten Gründen nicht mehr ausdrücklich; Politiker, die mit unklaren Heilserwartungen spielen, sind gleichwohl noch nicht ausgestorben. Und es kommt vor, dass eine innere Not eine äußere Gestalt als Guru – als Heiland – sehen möchte, wenigstens einen Lebensabschnitt lang. Von hier aus lässt sich ein Zugang zum Messias und seiner Erwartung finden.

Mag es dem aufgeklärten Europäer auch fiebrig und peinlich vorkommen: Ein Mensch kann zu Jesus Zugang finden genau in dem Maß, in dem er in Kontakt mit seiner Sehnsucht lebt. Nur wer nach mehr fragt als nach objektiver Information, hat die Chance, einen Jemand und nicht nur lauter Etwas zu finden. Dazu gehört, der Scham vor einer religiösen Motivation nicht schon mechanisch nachzugeben, noch bevor man sich ernstlich mit ihr auseinandergesetzt hat.

Stationen einer Identität

Kann so einer wie Jesus überhaupt gelebt haben? Oder ist seine Gestalt derart mit Hoffnungen überfrachtet, dass er als Produkt menschlicher Sehnsucht und Phantasie gelten muss? Dass er gelebt hat, kann als Tatsache gelten. Es gibt vier kurze Zeugnisse bei nichtchristlichen Geschichtsschreibern um das Jahr 100. Offenbar sahen die Zeitgenossen der ersten Christen keinen Anlass, an der Existenz Jesu zu zweifeln.[77] Und er entsprach vielen Erwartungen nicht. Er kam nicht als mächtiger König, nicht mit dem Schwert in der Hand; er richtete sich nicht nur an Israel; er starb am Kreuz den schändlichsten aller Tode. Die alte Welt ging trotzdem nicht unter; ihre Gewalt und Dunkelheit bestehen bis heute. Der Mensch aus Nazareth bricht die Hoffnung auf einen allmächtigen Heilbringer. Dann aber muss Jesus mehr als eine Projektion dieser Hoffnung sein.

Jesus stammt aus einer Zimmermannsfamilie aus Nazareth, einem Ort in Galiläa. Er lernt das Handwerk seiner Väter. Jesus teilt die Erwartung der Menschen seiner Zeit. Als Dreißigjähriger zieht er, mit vielen anderen, an den Jordan, um sich von Johannes, einem Bußprediger, taufen zu lassen. Es sollte ein umstürzendes Erlebnis werden. »Und als er aus dem Wasser stieg, sah er, dass der Himmel sich öffnete und der Geist wie eine Taube auf ihn herabkam. Und eine Stimme sprach: Du bist mein geliebter Sohn, an Dir habe ich Gefallen gefunden.« Jesus wird von innen ergriffen, von etwas wie einer Vision. Mehr wissen wir nicht; von einer Wahrnehmung oder Reaktion der Umstehenden ist nicht die Rede.[78]

Um die Bedeutung des Tauferlebnisses zu erfassen, verbringt Jesus vierzig Tage in der Wüste: ein Suchender und Beter. Immer wieder wird er sich zurückziehen in die Stille und Zwiesprache mit seinem Vater. Manche seiner Gebete sind überliefert: Wie er seinen Vater mit Abba anspricht, aramäisch: ›lieber Vater‹ – eine Anrede, so außergewöhnlich, von so großer Nähe, dass das griechische Christentum des Paulus sie unübersetzt weitergibt. Jesus lässt die Konvention hinter sich und zeigt die innige Nähe eines Ergriffenen mit dem, der ihn ergreift: ein Mystiker. Prägend wird seine Antwort, als die Jünger ihn fragen, wie sie beten sollen (Mt 6,7–13). Die Entscheidung, sich dem drohenden Kreuz zu stellen, fällt er im Gebet, im Finstern ringend, einsam. Jesus steht nicht allwissend über den Dingen; er teilt die menschliche Lage, den Weg nicht zu wissen und von Dunkelheit, ja Verzweiflung eingehüllt zu werden.[79] Er »hat mit lautem Schreien und unter Tränen Gebete und Bitten vor den gebracht, der ihn aus dem Tod retten konnte, und er ist erhört und aus seiner Angst befreit worden. Obwohl er der Sohn war, hat er durch Leiden den Gehorsam gelernt« (Hebr 5,7f). Jesus durchläuft und erleidet eine menschliche und geistliche Entwicklung wie jeder andere Mensch auch. Als er der heidnischen

Frau begegnet (Mk 7, 24–30), lernt er erleidend etwas über die Weite seiner Sendung, und erst recht, als er die Versuchung der Gewalt erfährt.[80] Jesu Identität fällt nicht vom Himmel, sie will gebildet sein.

Der Anspruch

Auf Wegen, von denen es kein Zeugnis gibt, erkennt sich Jesus als jenen, den sein Volk erwartet. Die Stationen Taufe und Wüste zeigen an, dass es ein Prozess ist; der Anspruch Jesu zeigt das Ergebnis. Er beginnt zu predigen. Seine Botschaft ist ein gutes Wort, an keine Bedingung geknüpft (Lk 4,16–21): gerade wie das erste Wort, damals, an Abraham. Und wieder ist der Segen mit einem Ruf verbunden. Jesus ruft, etwas zu wagen, jenseits von Berechnung und vertrauten Mustern (Mk 1,15ff; 2,11; 5,43). »Kehrt um und glaubt, denn das Reich Gottes ist ganz nahe gekommen!« Kehrt um!, wörtlich: denkt um! – verlasst die gedanklichen Trampelpfade, eure Vorstellungen über das, was sein kann und was nicht – und glaubt, habt Vertrauen, dass Gott auf euch zukommt. Warum gerade zu diesem Zeitpunkt? Jesus gibt keine Begründung. Er spricht etwas wie eine Atmosphäre an, etwas, das in der Luft liegt. Er geht davon aus, dass eine neue Botschaft da sei.

Jesus kennt die jüdische Schrift aus Gottesdienst und Unterweisung. Aber er hat nicht studiert, er ist kein Schriftgelehrter. Er ist keiner der Großen und Stolzen, die rhetorische Technik gelernt haben und zu blenden vermögen. Jesus spricht anders als sie, einfach, poetisch, in Bildern. Und er erzählt gern. Seine Sprache lehnt sich an die Tradition der Weisheitslehrer an und schafft doch etwas ganz Neues: sein Wort vom Nicht-Sorgen widerspricht aller weisheitlichen Erfahrung und Vorsicht.[81] »Er schien ein wandernder Rabbi zu sein. Aber ein Rabbi lehrt: Mose hat gesagt. Er schien ein Prophet zu sein. Aber ein Prophet pflegt zu sagen: So spricht der Herr. Jesus gebraucht weder die eine noch die andere Wendung, um sich Autorität zu verschaffen. Er bedient sich der beispiellosen und unerhörten Wendung: Amen, ich sage Euch!«[82] In Jesu Wort begegnet eine ursprüngliche Kraft, so dass »die Menschen sehr betroffen waren von seiner Lehre, denn er lehrte sie wie einer, der göttliche Vollmacht hat, nicht wie ihre Schriftgelehrten« (Mk 1,22): das Gegenteil blasser Theorie. Kein Wunder, dass sie böse werden: jene, die bestimmen, was wahr ist und falsch, und die durchzusetzen wissen, was ihren Interessen entspricht. Es sind die Priester und Schriftgelehrten, die schließlich den Justizmord einfädeln, der ihn ans Kreuz bringt. Dass Jesus weder anerkannt Gebildeter noch Priester ist, relativiert jedes religiöse und gelehrte Establishment an der Wurzel. Ja, die Bedeutung Jesu beruht darauf, dass er kein Privilegierter ist. Nur als Schicksalsgenosse der Armen kann er für das Leben aller etwas bedeuten.[83]

Leidende wenden sich an den Wanderprediger und bitten um Hilfe. Viele heilt er. Oft bezieht er sich auf ihren Glauben. Durchaus nicht immer schließt er eine Belehrung an. Die Heilung kann für sich stehen. Trost und Heilung sind ebenso ursprünglich Frohe Botschaft, *Evangelium*, wie das ausdrückliche Wort. Für Matthäus (4,16) bedeutet das Auftreten Jesu den ersehnten Trost für alle, die in Finsternis herumirren. Das Wort aus Jes 9,1 erfüllt sich – »Das Volk, das im Dunklen lebte, hat ein helles Licht gesehen; denen, die im Schattenreich des Todes wohnten, ist ein Licht erschienen.« In den ersten Jahrhunderten haben die Christen Jesus als den wahren Arzt verehrt; bis heute beten sie ihn als Heiland an. In ihm erscheint ein Ja zum Menschen, das alles Leiden und alle Ungerechtigkeit umspannt – ein Ja, von dem her ein Mensch sich annehmen kann.

Jesus wendet sich Einzelnen zu und fordert sie auf, ihm zu folgen – nicht alle in gleicher Weise. Sein Wort berührt jene intimsten Entscheidungen, die sich dem einen so, dem nächsten anders stellen (Mk 10,17–31). Zugleich wendet er sich öffentlich an sein Volk. Er kündigt eine neue Gemeinschaft an. In vielen Gleichnissen, in Bildern aus Natur und Alltag erzählt er davon, wie das Reich Gottes sich entwickelt und wie es die Welt verändert. Nicht nur die Verhältnisse des Einzelnen, auch die Strukturen der Gesellschaft sieht Jesus vor einer Verwandlung von innen heraus. Das Reich Gottes bedeutet eine Gemeinschaft, in der Gerechtigkeit das Zusammenleben bestimmt. Der Kreis der zwölf Jünger steht für die zwölf Stämme Israels: ganz Israel, seine Gesellschaft, seine Geschichte, seine Hoffnungen sind angesprochen. Das Reich Gottes umspannt Innen und Außen; es fordert Selbst- und Weltverhältnis gleichermaßen heraus.[84]

In allem fällt der Anspruch Jesu ins Auge. Hier und jetzt, in seinem Auftreten, kommt das Reich Gottes ganz nahe. Salomo, den größten Weisen Israels, will er ebenso überbieten wie den erfolgreichsten Propheten: »hier ist mehr als Salomo, hier ist mehr als Jona«[85]. Ausdrücklich hat Jesus Sünden vergeben und sogleich den bestürzten Gedanken hervorgerufen: »Wie kann dieser Mensch so reden? Er lästert Gott. Wer kann Sünden vergeben außer dem einen Gott?« (Mk 2,7; Lk 7,49). Über alles Gewesene hinaus weiß sich Jesus mit dem Willen des Vaters und mit dem kommenden Reich eins, er verkörpert es geradezu. Hier tritt eine mystische Einheit zwischen Gott und Mensch auf, welche die Welt noch nicht gesehen hat und die in der Abba-Anrede Ausdruck findet. Die Erfahrung der Einheit mit Gott lässt Jesus alles Überlieferte relativieren: Weder Gesetz noch Tempel, ja nicht einmal die Schuld behalten die Macht, einen menschlichen Standpunkt zu definieren.

Jesus nimmt die wesentlichen Linien der Messiaserwartung auf, entwickelt sie weiter und verbindet die verschiedenen Stränge zu einer Gestalt. Die Erwartung eines machtvollen Menschensohns bleibt künftig: dass seine Botschaft genügen werde, die Ungerechtigkeit der Welt in Ordnung zu bringen, nimmt Jesus nicht an. Mit der Tradition Israels erwartet er darum ein endzeitliches Gericht, das die ungerechten Entscheidungen ans Licht bringt und – endlich! – durch eine gerechte Ordnung ersetzt (vgl. Mt 18,23–35). Der gerechte Herrscher von Jes 11 tritt hinter dem leidenden Gerechten zurück. Jesus zeigt sich »als Gesandter, der den Armen eine gute Nachricht bringt, den Gefangenen Entlassung verkündet und den Blinden das Augenlicht« (Lk 4,18; Mt 11,2). Es liegt in der Logik der

Messiasrolle, dass Jesus sie nie ausdrücklich beansprucht[86], sie aber auch nicht zurückweist, wenn sie ihm angetragen wird. Denn das passive Wort Messias – Gesalbter – setzt Gott als handelndes Subjekt voraus. Es ist Sache Gottes, den Messias erkennen zu lassen.[87] Messias zu sein, beansprucht man nicht aus eigener Vollmacht. Jesus fragt seine Jünger, für wen sie ihn halten – *Was glaubt ihr, wer ich sei?* – und provoziert das Bekenntnis Petri: *Du bist der Messias!* (Mk 8,27–30). Und vor Pilatus antwortet er – die vier Evangelien berichten es gleichlautend – auf die Frage: »*Bist Du der König der Juden?*« mit: »*Du sagst es!*« (Mk 15,2). Hier zeigt sich, unerwartet vielleicht, eine feine Logik, in der Mitte jenes Zustandes, der eingangs fiebrig hat wirken können. In der Gestalt Jesu zeigt sich die Hoffnung auf den Messias keineswegs überhitzt, gar widervernünftig, sondern in respektvoller Gegenseitigkeit, des klaren Gedankens durchaus fähig.

Die Erwartung, Gott werde in Gestalt eines Messias eingreifen und die gnadenlose Geschichte doch noch auf ein gnädiges Gleis bringen, ermöglicht Jesu Anspruch erst. Denn wer sollte den Messias hören, wenn niemand auf sein Kommen hofft? Ja mehr noch: Ohne Erwartung stünde die Rolle nicht zur Verfügung, die eine menschliche Identitätsfindung erst möglich macht. Die Sehnsucht der Vielen, die Gegenwart des Geistes, bringt die Gestalt Jesus von Nazareth mit hervor.

Gewaltlos

Jes 49 hat eine Gestalt vor Augen, die das Recht mit Schärfe zur Geltung bringt. Jesus ist kein agressionsgehemmter Vertreter allgemeiner Nettigkeit; zu ihm gehört eine verletzende Schärfe.[88] Gerade die selbstverständlichsten Beziehungen finden sich in unerhörter Weise kritisiert, ja entmachtet. »Ich bin nicht gekommen, um Frieden zu bringen, sondern das Schwert. Denn ich bin gekommen, um den Sohn mit seinem Vater zu entzweien und die Tochter mit ihrer Mutter« (Mt 10,34). Die Worte über die Schriftgelehrten, wie sie Mt 23 zusammenstellt, können von jenen kaum anders denn als pauschale Beschimpfung und Entwertung wahrgenommen werden. »Weh euch, ihr Schriftgelehrten und Pharisäer, ihr Heuchler! Ihr seid wie die Gräber, die außen weiß angestrichen sind und schön aussehen; innen aber sind sie voll Knochen, Schmutz und Verwesung. So erscheint ihr von außen den Menschen gerecht, innen aber seid ihr voll Heuchelei und Ungehorsam gegen Gottes Gesetz« (Mt 23,27). Und selbst Petrus findet sich als Satan angesprochen (Mt 16,23).

Diese unerhörten Herausforderungen finden ihr Gegengewicht in Jesu grenzenloser Bereitschaft zu verzeihen. Und sie hören auf, wo die Gewalt beginnt. Jesus von Nazareth ist als gewaltlose Figur in die Geschichte eingegangen. Nur einmal packt ihn der Zorn, als er sieht, wie das Wertvollste dem Geld geopfert wird. Da stößt er im Tempel die Tische der Geldwechsel und Opfertierhändler um (Mk 11,15–19). Als es aber um seine Botschaft, um sein Leben, um alles geht, entsagt er der Gewalt. Als Petrus das Schwert zieht, ihn zu verteidigen, weist er ihn zurecht (Joh 18,10f). Jesus ist bereit, das Leiden anzunehmen, das sich aus seiner Sendung ergibt. An seinen letzten Abend deutet er sein Leiden in den Zeichen von Brot und Wein als freiwillige Hingabe seiner selbst. Diese symbolische Handlung wird das erste und wichtigste Ritual der Christen. Es nimmt die Mitfeiernden in die innerste Haltung Jesu hinein. Phil 2,6–11, ein Lied aus dem Gottesdienst der ersten Christen, zeichnet sie poetisch und klar, in wenige Zeilen.

Er, der in Gottes Gestalt war,
hielt nicht daran fest, Gott gleich zu sein,
sondern hat sich selbst entäußert
und nahm eines Sklaven Gestalt an:
einem Menschen wurde er gleich
und seiner Erscheinung nach als Mensch erfunden.
Er hat sich selbst erniedrigt
und wurde gehorsam bis zum Tod,
ja, bis zum Tod am Kreuz.

Darum hat ihn Gott erhöht
Und ihm verliehen den Namen
Der über alle Namen erhaben ist
Damit im Namen Jesu jedes Knie sich beuge
Im Himmel und auf Erden und in der Unterwelt
Und jede Zunge bekenne:
Jesus Christus ist der Herr
Zur Ehre Gottes des Vaters!

Auferstanden von den Toten

Darum hat ihn Gott erhöht: so spricht, wer glaubt. Das heißt nicht, dass die Botschaft, Jesus sei auferstanden, ohne Halt in der Erfahrung wäre. Es ist eine Tatsache, dass kein Mensch eine derartige Wirkung auf die Weltgeschichte ausgeübt hat wie gerade jener Jesus von Nazareth, nach einem öffentlichen Auftritt von einem, allenfalls drei Jahren. Die größte Weltreligion, wie keine andere auf dem ganzen Erdball präsent, trägt seinen Namen. Seine Geburt hat sich weltweit als Bezugspunkt der Zeitrechnung durchgesetzt. Ein staunenswertes Phänomen! Es liegt nahe, nach der Kraft zu fragen, die eine solche Wirkung hervorgebracht hat.

Darum hat ihn Gott erhöht: Den Wehrlosen und am Kreuz Hingerichteten erweckte Gott vom Tod und bestätigte so dessen Anspruch. Wo die Macht des Todes überwunden wird, da muss Gott selbst am Werk sein. Der Auferstandene erschien seinen Jüngern – vielen, nicht allen. Es traten Erfahrungen auf, die im menschlichen Dasein ohne Analogie dastanden, Furcht und Schrecken auslösend, bleibend unbegreiflich.[89] Die ersten Berichte lassen das Grauen noch deutlich spüren (Mk 15). Die Erscheinungen bleiben auf etwa drei Jahre beschränkt; bald muss der Glaube der Christen ohne sie auskommen – eine Erfahrung, die späte Texte des Neuen Testaments bereits reflektieren (Joh 20,24–29).

Gott hat auferweckt – und Jesus ist auferstanden. Das Neue Testament verwendet beide Ausdrücke nebeneinander. Beide

Deutungen sind möglich, die passive und die aktive. Genau zu unterscheiden sind sie nicht – wie weit reicht Gottes Wirken, was ist Tat des Menschen? Ein Mensch kann nur aufstehen aus seinem Tod auf ein gutes Wort, auf eine treibende Kraft hin. Und er kann nur aufstehen, wenn er selbst sich entschließt. Niemand kann aufgestanden werden. Die doppelte Sprache der Schrift öffnet ein Ineinander von Gabe und Wahl. Wer aufsteht, von dem gilt: Der Herr hat ihn erweckt, und: er ist erstanden. Die Auferstehungsbotschaft traut der Freiheit Wachstum zu, im Scheitern und über es hinaus. Erfuhren die ersten Christen die Auferstehung als umstürzendes Gegenüber, so setzte bald ein Prozess der Verwandlung und Aneignung ein. Die Christen erfahren Auferstehung am eigenen Leib. Das Neue Testament macht zwischen Aufstehen und Auferstehen keinen Unterschied. Die Schwiegermutter des Petrus steht auf, nachdem Jesus sie vom Fieber geheilt hat. Der Gelähmte steht auf. Es ist eine Auferstehung, wenn einer nach jahrelanger Lähmung wieder Schritte tut. Christen machen die Erfahrung, aufstehen zu können, wo nichts mehr zu erwarten ist, wo der Tod den Sieg schon eingesteckt hat. Es gibt die Erfahrung, dass eine geheimnisvolle Kraft einen Menschen ergreift, eine Energie, eine *dynamis,* ein Geist, so dass er tatsächlich aufsteht.

Der christliche Weg ist kein sachhaftes Wissen, er ist ein personales Geheimnis. Er ist eine Haltung, die bleibend auf die Hingabe des Ersten gründet. Das Christentum lässt sich nicht als profane Ethik von der Person des Ersten ablösen. Es lässt sich nur erreichen, indem ein Mensch das Rechnen fahren und sich von einer Bewegung ergreifen lässt, die größer ist als er selbst. Darum sagt der johanneische Jesus *Ich bin der Weg*, nicht »ich bringe euch den Weg«. Er sagt *Ich bin die Wahrheit*, nicht »ich bringe euch die Wahrheit«[90]. Jesus nahm die äußerste Erniedrigung an. Darin leuchtet ein Wissen auf, ein Wissen um den Tod und seine Grenze. Aus eigener Kraft kann der Mensch dieses Wissen auf keine Weise erreichen. Es gibt keine Methode, welche die Grenze des Todes übergreifen könnte. Hier kommt dem Menschen von der anderen Seite, von jenseits des Todes, eine Hand entgegen. Deshalb besingt der zitierte Hymnus aus Phil 2 eine Bewegung von Gott zum Menschen und keinen Aufstieg des Menschen zu Gott.[91]

Wahrer Mensch und wahrer Gott

Das Neue Jesu zeigt sich in seiner Hingabe. Für einmal ging es jemandem nicht darum, seine eigene Haut zu retten und sich möglichst schmerzlos aus der Affäre zu ziehen. Hier wollte sich einer hingeben um der Liebe willen, jenseits aller Grenzen. Diese unendliche, eben göttliche Liebe hat Jesus gelebt, und damit, ganz Mensch bleibend, ein göttliches Maß gesetzt. Die Möglichkeit solcher Liebe war etwas Neues, sie bedurfte jenes Einen, der sie vorlebte. Als Theorie wäre sie wirkungslos. Die Gestalt Jesu ist durchsichtig für etwas viel Größeres. In ihm erscheint jenes Gegenüber, an das allein der Mensch sich mit Haut und Haaren verlieren darf. Im Wort gibt sich das ursprüngliche Geheimnis zu erkennen: nicht in seinem Wesen – das bleibt unbegreiflich – aber in seinem Willen, als bedingungslose Liebe. Gott kommt nicht in Pracht und Herrlichkeit, so dass die Menschen sich aus Ehrfurcht und Angst unterwerfen müssen. Er will Herzen gewinnen, nicht überwältigen. Gott zeigt sich in Jesus als Hirte, der die Macht hat und es dennoch vorzieht, einem hundertsten Schaf in seine Verirrungen zu folgen und es dort zu finden. Die Erniedrigung *(kenosis)*, um Liebe möglich zu machen, ist ein wesentlicher Zug des Christentums.[92] Der Verzicht auf Machtmittel spricht zum 21. Jahrhundert, das angesichts immenser technischer Möglichkeiten gewaltfreie Wege finden muss, Konflikte zu lösen.

Diese Erfahrungen haben die Christen dazu geführt, dem Wort ›Gott‹ einen neuen Sinn zu geben. Göttlich sind nicht Allmacht noch Allwissenheit noch Freiheit vom Leiden: begibt sich doch der Geist in Abhängigkeit von der menschlichen Bereitschaft, ihn leuchten zu lassen; begibt sich doch der Sohn aller Macht und stirbt verlassen am Kreuz – ohne aufzuhören, Gott zu sein. Für Christen bezeichnet das Wort Gott nicht die Spitze einer Machthierarchie. Es beschreibt ein kommunikatives Geschehen zwischen Personen, das heißt zwischen Wesen, die in Freiheit der Mitteilung ihrer selbst fähig sind.[93] Göttlich ist die radikale Hingabe, eine Öffnung und Liebe, die über alle Grenzen hinausgeht. *Gott ist Liebe,* bekennt der erste Johannesbrief (4,16). Wenn Gott Mensch sein kann, dann sind göttlich nicht bestimmte Eigenschaften Gottes, die sich menschlichen Eigenschaften entgegenstellen lassen. Vielmehr kann sich der Mensch von der göttlichen Bewegung der Hingabe ergreifen lassen und mit ihr eins werden. Gott kann durch das Geschöpf leuchten.

Menschwerdung, nicht Mannwerdung

In einem Punkt entsprach Jesus den Erwartungen. Die Juden erwarteten den Messias als Mann – eine Frau hatte ja keine Möglichkeit, eine Rolle in der Öffentlichkeit zu spielen. Tatsächlich war Jesus ein Mann. Die Christen haben dieses Faktum nicht ausdrücklich beachtet. Sie haben immer von einer Menschwerdung gesprochen, nie von einer Mannwerdung. Es war selbstverständlich, dass Botschaft und Erlösungstat Jesu beiden Geschlechtern galten, so wie sie alle anderen menschlichen Unterschiede überbrückt. »*Darum* gibt es nicht Juden noch Griechen, nicht Sklaven noch Freie, nicht Mann noch Frau, denn ihr seid alle einer in Jesus Christus«[94]. Markant zeichnet das Neue Testament seine Symbolfigur des Glaubens als Frau. Hatte das Alte Testament dem Abraham den Segen verheißen, in Formen, in denen man damals hoffen konnte, in Fruchtbarkeit und Erfolg – so wird Maria in einer weitaus heikleren Angelegenheit zum Glauben aufgefordert. *Als* Frau! Der Beginn der Geschichte von Jesus, so zeichnet es Matthäus, wird erst möglich im Ja, im gläubigen Ja einer Frau, über alles Erwartbare hinaus. Für eine patriarchale Gesellschaft ist dieser Akzent bemerkenswert.

Das Eigene eines Menschen zeigt sich nicht in den vielen Konventionen, die ein Mensch gar nicht anders kann als aus seiner Kultur zu übernehmen. Der schöpferische Beitrag eines Menschen zeigt sich, wo ein Mensch sich anders verhält, als es zu erwarten wäre. Jesus pflegte mit Frauen einen außergewöhnlichen Umgang. Er ließ sich zärtlich berühren, auch in der Öffentlichkeit – sogar von Prostituierten, deren Berührung tabu war. Er ließ sich von Frauen ansprechen und ließ sich von ihren Anliegen bewegen (Mt 15,21–28). Entgegen der Konvention gab es unter seinen Jüngern Frauen. Sie gehörten zu jenem innersten Kreis, an den sich der Auferstandene richtete. In Jesu Verhalten ist eine Öffnung der weiblichen Rolle vorgezeichnet, die in der Geschichte der Christen Spuren hinterlassen hat. Die ersten Gemeinden konnten sich im Haus einer reichen Frau treffen, unter ihrem Vorsitz. Paulus spricht Junia als Apostolin an (Röm 16,7); Priska und Phöbe erwähnt er als seine Mitarbeiterinnen. Es ist kein Zufall, dass den Frauen des 20. Jahrhunderts der Eintritt ins öffentliche Leben gerade in den westlichen, aus christlicher Tradition entstandenen Gesellschaften glückte.

Großer Bruder vieler Geschwister

Wie lässt sich nun die Bedeutung Jesu für das menschliche Dasein zusammenfassen? Mit dem einfachen Wort Ja. Die grenzenlose Hingabe Jesu und ihre Bestätigung durch die Auferstehung erweitern den Raum, in dem sich Menschsein interpretieren lässt. Das Geheimnis öffnet sich. Es erscheint wiederum ein Trost, der einen Auftrag aus sich entlässt. »Christus ist schon zu der Zeit, als wir noch schwach und gottlos waren, für uns gestorben. Dabei wird nur schwerlich jemand für einen Gerechten sterben; vielleicht wird er jedoch für einen guten Menschen sein Leben wagen. Gott aber hat seine Liebe zu uns darin erwiesen, dass Christus für uns gestorben ist, als wir noch Sünder waren. Nachdem wir jetzt durch sein Blut angenommen sind, werden wir durch ihn erst recht vor der Verurteilung gerettet werden. Da wir mit Gott versöhnt wurden durch den Tod seines Sohnes, als wir noch Gottes Feinde waren, werden wir erst recht, nachdem wir versöhnt sind, gerettet werden durch sein Leben« (Röm 5,6–10). Wenn Gott die Menschen sogar, als sie noch Sklaven der Sünde waren, bis zum Äußersten geliebt hat, warum sollte er sich dann je wieder von ihnen abwenden? Damit ist ein endgültiges Wort gesagt, ein Ja, das verbindlich Auskunft gibt über den Sinn menschlichen Daseins. In ihm kommen die vielen Worte zu einem guten Wort zusammen, zu jenem letzten Wort vor der schweigenden Anbetung. »Am Anfang war das Wort, und das Wort war bei Gott, und das Wort war Gott«: so singt ein Lied der ersten Christen (Joh 1,1–18). Jesus ist das Wort schlechthin. Das Loblied erkennt schon in den ersten lieben Worten, in jeder erziehenden Hand, in allem Scheitern jenes ursprünglichste Wort. Das Ja ist Anfang und Mitte des Christseins. Ein Christsein, das nicht auch irgendwie Ja sagte zu sich selbst, ist darum kaum denkbar. Kann ein Erwachsener Christ sein, ohne sich selbst anzunehmen – und daran zu arbeiten, die Annahme immer tiefer zu vollziehen?

Das Ja setzt einen Auftrag frei, nach innen und nach außen. Indem er Mensch wurde und sein Leben gab (Hebr 9,14), hat Jesus jedem Menschen den Weg geöffnet, in seine Hingabe einzutreten. Jesus lehrt, sich jener Bewegung anzuvertrauen, die seit jeher in der menschlichen Sehnsucht verborgen angelegt ist. Jesus ist der Erstgeborene von vielen Geschwistern (1Kor 15,20; Hebr 10,20). Der Vater bestätigte ihn in der Auferstehung als den Heiland, der die Fremde zwischen Gott und Mensch überwindet. Das Eigentliche Jesu ist die Hingabe, die Gott sucht um seiner selbst willen, die nicht mehr zu sich zurückkehrt. Christen können überzeugen, wenn sie in die Hingabe Jesu eintreten, besser: wenn sie sich von ihr ergreifen lassen.

Apostel gibt es nur in der ersten Generation der Christen. Die unmittelbare Macht jener Erfahrungen hätte sonst alle eigene Entwicklung und Kreativität überstrahlt, ja vernichtet. Darum sagt der johanneische Jesus (16,7): »Es ist gut für euch, dass ich fortgehe. Denn wenn ich nicht fortgehe, wird der Tröstergeist nicht zu Euch kommen; gehe ich aber, so werde ich ihn zu euch senden.« Erst indem der Auferstandene aus dem Blickfeld tritt, können die Christen des Tröster- und Lehrergeistes innewerden. Christentum ereignet sich, wo der Mensch Geist und Wort, Gott innen und außen erfährt und annimmt. Eine Frömmigkeit, die Gott lediglich im objektiven und idealisierten Gegenüber Jesu sucht, verkürzt die dialogische Identität des Christentums. Das Gebet zum auferstandenen Herrn war immer ein Grundvollzug der Christen. Ebenso wichtig aber ist das Bewusstsein, dass ein jeder zur Heiligkeit berufen ist, das im Herzen eines jeden derselbe Gottesgeist lebendig ist und betet wie bei jenem Einen. Der Christ ist, mitgenommen von Christus und in seiner Kraft, zu derselben Hingabe befreit. In dieser Hinsicht steht er mit dem Menschen aus Nazareth auf einer Stufe.[95] Jesus ist nicht nur sein Herr, sondern auch sein Bruder. Die orthodoxe und katholische Heiligenverehrung macht die Familienbeziehung sichtbar. *Die sich vom Geist leiten lassen, sind Kinder Gottes* (Röm 8,14), Geschwister des Erstgeborenen. Sie fassen Fuß in einem alles umfassenden Ja.

Das Bild des Auferstandenen

Auch das große Ja, das in Jesus Christus erschienen ist, führt in die zarten Töne von Verehrung und Gebet. Diese Dynamik aufnehmend, stellt die Spiritualität der orthodoxen Kirche jenes eine gute Wort als Bild vor Augen. Der suchende Mensch lässt sich anschauen. Er setzt sich dem Blick des Anderen, jenes einen Anderen aus. Hier mischen sich Annahme und Strenge in unergründlicher Weise.

Anmerkungen

[1] Martini (2008) 7.

[2] DH 150.

[3] Die Theologie der zwei Hände hat Irenäus von Lyon († ca. 202) geprägt: haer. IV 20,1; V 6,1 und 28,4. Die Theologie des 20. Jahrhunderts erinnert sich manchmal an sie: vgl. Congar (1979/80) II 42; Boff (1988) 35, (1995) 510. – Das Bild des Lehms in der Hand des Töpfers haer. IV 39,2.

[4] Dokument der 3. Generalversammlung des lateinamerikanischen Episkopats (1979) 31, zit. nach Antes (2004) 52. Vgl. ebd. 1153–1156 (DH 4632–4634); Zweites Vatikanisches Konzil, Lumen gentium 8 (DH 4120).

[5] Vgl. Mt 10,40; Zweites Vatikanisches Konzil Lumen gentium 20f (DH 4144f): Wer den Bischof hört, hört Christus.

[6] Benediktregel 53,1.7.

[7] Benediktregel 3,3. Vgl. Grün (2006) 124f.

[8] Gegenüber der großen Zahl wortlastiger Entwürfe des Christentums gibt es doch auch das andere Extrem. So stellt der romantische Entwurf Möhlers (1825) den Geist derart ins Zentrum, dass das Wort nur dessen Ausdruck und nicht auch dessen eigenständiges und kritisches Gegenüber ist. Die damit gegebene Offenheit fängt er auf, indem er Geist, Tradition und katholische Kirche faktisch identifiziert.

[9] 1Tim 2,4. Vgl. Eph 1,10; Röm 5,18; Zweites Vatikanisches Konzil, Nostra aetate 1.

[10] Vgl. Rahner (1954–84) V 115–135; 136–158; VI 545–554; Chenu (1965) 39.

[11] »Gnade und Rechtfertigung, Einheit und Verbundenheit mit Gott, Möglichkeit der Erlangung des ewigen Lebens hat nur am bösen Gewissen eines Menschen eine Grenze. Und das ist eigentlich das, was mit ›anonymem Christentum‹ gesagt sein soll« Rahner (1991) 54. – Vgl. Basilius spir. 22: Jeder, der ein sittliches Leben führe, strebe nach dem Heiligen Geist. Und jede menschliche Erkenntnis setze die innere Helle voraus, die der Geist schenke. – Nach Moltmann (1991) 55f ist der Geist Gottes »gewiss nur da, wann und wo Gott will, aber mit seinem Willen zur Schöpfung ist sie in allen Dingen präsent und hält sie im Dasein und am Leben.«

[12] Zweites Vatikanisches Konzil, Gaudium et spes 22 (DH 4322). – Das Konzil nennt das Gewissen als Gotteserfahrung, die alle Menschen verbindet. Vgl. Lumen gentium 16 (DH 4140). – Johannes Paul II. schreibt (1990, Nr. 10). »Wenn das Heil für alle ist, muss es allen zur Verfügung stehen. Aber es ist klar, dass es … viele Menschen gibt, die keine Möglichkeit haben, die Offenbarung des Evangeliums kennen zu lernen und sich der Kirche anzuschließen. Sie leben unter sozio-kulturellen Bedingungen, die solches nicht zulassen. Oft sind sie in anderen religiösen Traditionen aufgewachsen. Für sie ist das Heil in Christus zugänglich kraft der Gnade, die sie zwar

nicht förmlich der Kirche eingliedert – obschon sie geheimnisvoll mit ihr verbunden sind –, aber ihnen in angemessener Weise innerlich und äußerlich Licht bringt. Diese Gnade … macht es jedem Menschen möglich, bei eigener Mitwirkung in Freiheit das Heil zu erlangen.«

[13] Vorliegende Interpretation der Trinität stützt sich auf Rahner (1967b). Er setzt mit einem Vorrang der heilsgeschichtlichen Erfahrung gegenüber dem theologischen Begriff ein. Er entwickelt die immanente Trinität aus der ökonomischen. »Wir können … unbefangen den Zugang zur Trinitätslehre bei der heils- und glaubensgeschichtlichen Erfahrung Jesu und seines Geistes in uns suchen. Darin *ist* schon die immanente Trinität selbst gegeben« (340, vgl. 346.386). »Die eine Selbstmitteilung des einen Gottes erfolgt in drei verschiedenen Gegebenheitsweisen, in denen der eine selbe Gott konkret für uns in sich selbst gegeben ist« (389). Indem Rahner (365) Sohn und Geist als Gegebenheitsweisen des Vaters versteht, ist er nicht weit von Irenäus entfernt. – Nach orthodoxer Auffassung finden »Menschen zum trinitarischen Gott durch die konkrete Handlung und Wirkung der göttlichen Personen und weniger durch das abstrakte göttliche Wesen«: Larentzakis (1984) 77.

[14] Vgl. Kroeger (2004).

[15] »Das Kommen Christi, auch ihm geht der Geist voraus. Christi Gegenwart im Fleische, sie ist nicht zu trennen vom Geiste. Die Kraftwirkungen und Heilgaben wurden vom Heiligen Geist gewirkt. Die Dämonen wurden im Geist Gottes vertrieben. Der Teufel wurde unter Mithilfe des Geistes zunichte gemacht. Durch die Gnade des Geistes geschieht die Erlösung von den Sünden« Basilius, spir. 49.

[16] Letztere Beziehung bringt das Bekenntnis der lateinischen Kirche zum Ausdruck, der Geist gehe aus dem Vater und dem Sohn hervor (filioque). Die Orthodoxen akzeptieren diesen Zusatz zum Bekenntnis von 381 (den spanische Synoden seit dem 6. Jahrhundert aufführen und der in Rom im 11. Jahrhundert verbindlich wird) nicht und bestehen darauf, dass der Geist unmittelbar aus dem Vater hervorgehe. Doch im Raum der faktisch gegebenen Gotteserfahrung lässt sich das filioque durchaus begründen. Gemeinsam mit der symmetrischen Aussage, der Sohn gehe aus dem Geist hervor – das Bekenntnis enthält sie mit der Zeugung Jesu aus dem Geist bereits – ist das filioque eine unproblematische Aussage. Vgl. Nitsche (2003) 20f. 103.; Bernhardt (2005) 242. 246; Boff (1995) 518.

[17] Das Christentum kennt mehrere Wege, in das dreifache Geheimnis einzuführen. Nach Basilius spir. 47 sieht der Christ gerade im Geist das wahre Licht. Dafür stehe die Schrift: Niemand könne ›Herr Jesus‹ sagen außer im Heiligen Geist. Basilius folgert: Der Weg der Erkenntnis Gottes verlaufe vom Geist durch den Sohn zum Vater. Umgekehrt gelange die ursprüngliche Güte vom Vater durch den Sohn zum Geist. Vgl. Irenäus haer. IV 20,5: In der Heilsgeschichte sei es, bei den Propheten, »der Geist, der den Men-

schen zum Sohne Gottes hin bereitet, der Sohn aber, der ihn zum Vater hinführt, der Vater endlich, der Unvergänglichkeit schenkt ins ewige Leben, das jedem dadurch zuteil wird, dass er Gott schaut«.

[18] Die Erkenntnis des Willens Gottes »kann sich nur in einer Synthese der transzendentalen Erfahrung des Geistes und der Begegnung mit dem kategorialen Wahlgegenstand vollziehen, der je hier und jetzt der Freiheit angeboten ist« Rahner (1954–84) XII 49. – Maureder (2004) 45–47 hört Gott in der der persönlichen Natur als tragendem Klang, in der Sehnsucht als bewegendem Klang und im Gegenüber als lockendem Klang. Im regelmäßigen geistlichen Üben könnten die Klänge zueinander finden. »Der oft als Missklang hörbare dreifache Klang der einen Stimme Gottes ist dann zur Melodie geworden. Sie verleiht dem Leben Farbe und Leichtigkeit.«

[19] Ihr sollt einander fragen: Was hat der Herr geantwortet? Jer 23,35.

[20] »Ein Antagonismus, ein Streit unter diesen Gaben in der Kirche, ist gar nicht zu vermeiden. Denn wären diese Gaben eindeutig und greifbar für uns schon versöhnt, brauchte es keinen Heiligen Geist, der für sich diese Einheit ist und, weil von uns nicht umgreifbar und verwaltbar, diese Einheit uns entzieht« Rahner (1971) 57; vgl. Kehl (1979) 172. Dagegen geht die Trinitätstheologie R. Panikkars (1993, 1995) von der Einheit der Wirklichkeit aus, setzt sie als Erfahrung voraus und denkt sie spekulativ weiter. Ihr Ausgangspunkt ist die »Ganzheit der Wirklichkeit, die ebenso Subjekt wie Objekt ist« (1993) 9. »Das Absolute ist eins … zwischen dem Absoluten und dem Einen … gibt es weder einen Unterschied noch eine Trennung« 72.

[21] Sir 17,7 und Röm 8,19ff führen weitere Weisen des Schöpfungsglaubens ein, die zu Gen 1 und 2f durchaus den Widerspruch suchen.

[22] Vgl. Kessler (2003) 162.

[23] Vgl. Welte (2008) 118–164: Wenn nur Erfahrungen Anerkennung finden, die sich als Empirie vergegenständlichen lassen, verfällt die Kultur des Umgangs mit dem Unbegreiflichen. Drängt das heilige Geheimnis dann in die Erfahrung, erscheint es als schreckliches Nichts, vor dem man fliehen muss.

[24] Vgl. Fromm (1947, 1966).

[25] Vgl. Thomas von Aquin, STh I 13.

[26] Diese Erfahrung findet sich, unter Bezug auf Johannes vom Kreuz, bei Forte (2002) entfaltet. »Das echte ›Hören‹ des Wortes ist ein Hören des Schweigens jenseits des Wortes, des Vaters« (35). Das Sprechen Gottes erfolgt nicht ohne sein mächtigeres Schweigen« (34). »Als Herr der Sehnsucht ist der Gott der Offenbarung jener, der in der Hingabe seiner selbst sich dem Blick entzieht und zugleich in seine schweigende und gesammelte Tiefe hineinzieht« (38).

[27] Zitiert nach Röper (1987) 117. Unterdes wird sie vielerorts vertreten; vgl. Drewermann (1984) 127f.; Bruners (1988) 51. 56; Keel (1989); Forte (2002), bes. 53f.

[28] Vgl. Keel (2004) 186–189; (2007) 43–49.

[29] DH 806.

[30] Tatsächlich geht die lebendige Spiritualität dem theologischen Fortschritt jeweils voraus. Erst was sich im Gebet von Einzelnen bewährt, kann die theologischen Begriffe öffnen und beleben. Es ist kein Zufall, dass die wichtigsten katholischen Theologen des 20. Jahrhunderts – Rahner, Balthasar, Chenu, Congar, de Lubac (mit Ausnahme Guardinis) – einem Ordensnoviziat entstammen. »Theologische Systeme sind Ausdruck von Spiritualitäten. Darin liegt ihre Bedeutung und Größe. Wenn Staunen angebracht ist vor der theologischen Vielfalt des einen Glaubens, müsste es sich zuerst an der Einsicht entzünden, dass der eine christliche Glaube eine solche Vielfalt der Spiritualitäten hervorbringt. Größe und Wahrheit des Augustinismus eines Bonaventura oder eines Scotus gründen vollständig in der spirituellen Erfahrung eines Franz von Assisi, welche die Seele in seinen Söhnen war; Größe und Wahrheit des Molinismus liegt in der spirituellen Erfahrung der Exerzitien des Ignatius. Man tritt nicht in ein System ein, weil die Konstruktion so logisch ist oder die Schlussfolgerungen so wahrscheinlich sind. Man findet sich in einem System wieder wie durch Geburt, nämlich durch die zentrale Intuition, auf die unser spirituelles Leben baut und die eine Erkenntnishaltung aus sich entlässt. Eine Theologie, die dieses Namens würdig ist, ist eine Spiritualität, die ihrer religiösen Erfahrung angemessene rationale Instrumente gefunden hat.« Chenu (1965) 265f; Übersetzung TP. Liste der Theologen nach Vorgrimler (1970).

[31] Vgl. Irenäus haer. IV 4,1; 38 uö.; Zweites Vatikanisches Konzil, Dei verbum 15 (DH 4222).

[32] Rahner (1976) 54–61, gekürzt.

[33] (1878/80) 517.

[34] Vgl. Congar (1979/80) II 106f; Moltmann (1991) 60–64.

[35] Vgl. 1Kor 3,16; 6,19; Röm 8,9.11; Congar (1979/80) II 108.

[36] Vgl. Röm 8,15f. 26; Gal 4,6. »Solche Aussagen bezeichnen die Realität des Heils, die jeder in der Gegenwart erfahren hat. *Alle* Christinnen und Christen sind Mystiker« Luz (2004) 137 f. Das Zweite Vatikanische Konzil, Lumen gentium 4 (DH 4104) nimmt diese positive Erfahrung des Geistes ausdrücklich in das Selbstbild der Kirche auf.

[37] Vgl. Klauck (1986) 12f.

[38] Brantschen (2004) 28. Vgl. Forte (2002) 58: Der Geist sei jenes Schweigen, in welches das Wort komme, um widerzuhallen und zu ruhen und dann sich im Schweigen der ewigen Heimat zu sammeln. Ähnlich, mit Balthasar, Kunz (1996) 16f. 63–65.

[39] Vgl. Congar (1979/80) III 11–278; dt. 321–413.

[40] DH 150. Um jene Gläubige nicht vor den Kopf zu stoßen, die sich gegen

diese Aussage wehrten, sagt das Konzil nicht ausdrücklich, der Geist sei Gott. Stattdessen wird vom Geist gesagt, was nur von Gott gesagt werden kann.

[41] Rahner (1954–84) VII 84f. Vgl. Congar (1979/80) II 81.

[42] Vgl. H. Rahner (1964) bes. 312–343; Weismayer (2004).

[43] Die frühchristliche Literatur nimmt das Kriterium sogleich auf. Am Anfang des 2. Jahrhundert ist für Didache XI 8 die Echtheit der Geistbewegung am irdischen Leben Jesu ablesbar.

[44] Für Ignatius von Loyola kann die Erfahrung des Geistes der konkreten, hierarchisch geordneten Kirche nicht wirklich widersprechen, da auch an ihrer Wurzel der Geist wirkt. Wahrheit kann am Ende nicht gegen Wahrheit stehen: vgl. H. Rahner (1964) 327. 371. Heute erkennt sich die Kirche als Volk Gottes. Die Gemeinschaft spricht nicht nur in ihrer hierarchischen Spitze, sondern auch im Glaubenssinn der Vielen. Ob eine Regung vom Geist ist oder nicht, zeigt sich daran, ob sie zuletzt von der Gemeinschaft der Christen und von ihrem Amt als aufbauend anerkannt und angenommen wird.

[45] Mit diesen Kriterien begnügen sich zahlreiche Entwürfe und verzichten damit darauf, die Struktur des Bewusstseins selbst von der Neuheit des Geistes bestimmen zu lassen. So denkt Ratzinger den Geist als gegenwärtigen Christus, vgl. (1968b) 314.331, und Lebensprinzip der Kirche. Die Pneumatologie sei notwendig, um die Lehre von der Kirche nicht allzu irdisch geschlossen geraten zu lassen. Die Kirche sei vom Heiligen Geist her zu verstehen als seine Wirkungsstätte in der Welt: vgl. (1968a) 277.279; (1985) 159f. In beiden Weisen tritt der Geist nur innerhalb von im Umriss Bekanntem, in Christus und Kirche, auf. Eine gegenüber Christologie und Ekklesiologie eigenständige Lehre vom Geist findet sich nicht. Entsprechend erfährt der charismatische Entwurf Mühlens (1979) den Geist nur in den Strukturen der Kirche, in Gottesdienst und Gemeinschaft.

[46] Vgl. Irenäus, haer. III 17,1.

[47] Protestantische Theologen zögern, diesen Schritt mitzugehen. Welker (1992) tritt in die Sprache der Innenwelt nicht ein und begreift den Geist als Macht, Eingreifen und Kraft Gottes. Der Gottesgeist sei in der objektiven Welt klar zu fassen. Er sei vom Geist des Abendlandes, von Selbstverhältnissen, Selbstgewissheit, Selbsthabe und deren steter Steigerung streng zu unterscheiden (260).
Moltmann (1991) betont wohl die Eigenständigkeit des Geistes gegenüber dem Wort. Statt von einem Christomonismus sei von einem Wechselverhältnis von Geist und Christus auszugehen (85). Der Geist werde als Lebendigkeit und Freiheit erfahren (9) – aber deren psychologische Vertiefung sei ausgeschlossen: Gott werde »nicht in der innersten Herzkammer oder der einsamen Seelenspitze erkannt, wie er sich selbst erkennt, sondern in der wahren menschlichen Gemeinschaft von Frauen und Männern, von Eltern

und Kindern. Nicht die mystische Selbsterfahrung, sondern die soziale Selbsterfahrung und die persönliche Gemeinschaftserfahrung sind dann der Ort der Gotteserfahrung« (106). Der Geist werde nur indirekt erfahren; der Glaube richte sich ganz auf Christus, die Hoffnung ganz auf das Reich Gottes. »Das Medium, in welchem Glaube und Hoffnung sich ereignen, bleibt bis zum gewissen Grade unerkennbar, so wie man die Augen nicht sieht, mit denen man sieht, und den eigenen Standpunkt nicht erkennt, solange man auf ihm steht.« Am Fuße des Leuchtturms sei es dunkel (81).

[48] Vgl. bereits Didache XI 5–12.

[49] Vgl. H Rahner (1964) 324. 336. 341.

[50] Vgl. Thomas von Aquin, STh I-II 106,1; Congar (1979/80) II 133. Wäre, so Ebeling (1959) 97, ein Christ des ersten Jahrhunderts gefragt worden, was denn eigentlich am Christentum neu sei, hätte er keine neuen Lehren angeführt, sondern hätte auf die Wirklichkeit des Geistes verwiesen.

[51] »Wo … der Mensch in einer letzten Hoffnung sich bedingungslos dem wahren Gott über alle kalkulierbaren Einzelwirklichkeiten hinaus übergibt, da kommt er wirklich in seine letzte Freiheit hinein, die von Gott selbst erfüllt ist und auch dann schon eine geheime Seligkeit in sich trägt, wenn wir verzweifelt mit uns und dieser Welt nicht mehr fertig werden« Rahner (1972) 93.

[52] Rahner (1977) 35–45. Vgl. den Kriterienkatalog bei Congar (1983) 24.

[53] Vgl. Grün (1998); Müller (2008). – In einer glänzenden Interpretation hat Görres (1978) 243–260 gezeigt, dass der Triebbegriff Freuds sich religiös verstehen lässt. Denn zugleich mit einer körperlichen Spannung bezeichne er ein Streben nach einem gottähnlichen Zustand. Dieses Motiv stehe als Motiv der Motive hinter Lustprinzip und Realitätsprinzip, Libido und Aggression, Lebenstrieb und Todestrieb. Görres begreift die Psychoanalyse von der ursprünglichen Hoffnung auf das Sein wie Gott her. »Psychoanalyse ist die Klärung der Weise, wie in den Stadien auf dem Lebenswege die *stabilis possessio perfecti boni* gesucht, die *homoiosis theo kata ton dynaton*, die größtmögliche Gottähnlichkeit in Lust, Macht oder Tugend verwirklicht wird. Das ist die einzig notwendige, aber auch eine zureichende Definition der Psychoanalyse. Dies wiederum ist nicht nur meine These, sondern auch eine Behauptung Freuds« (259). In der Tat hatte Freud (1905) 35 und (1920) 235. 242ff seine Trieblehre in die Nähe der platonischen Lehre vom Eros gestellt. – Nach Congar (1979/80) II 91 belebt Gott die Geschöpfe mit einem Sehnen *(désir)*, der in ihnen das Echo seiner eigenen Sehnsucht ist. – Bei der katholischen Psychoanalytikerin Dolto (1996) 8f. 45ff. 71 ist *désir* der zentrale Begriff, um die menschliche Innenwelt zu beschreiben. Die Sehnsucht – *désir* – wolle sich selbst vergessen und ganz und gar an den anderen glauben. Sie wolle sich ganz verlieren dürfen, um sich so zu finden. Diese Fragekraft sei der heilige Geist. Sie könne eine Zeitlang kanalisiert und unter der Decke gehalten werden, aber nicht auf Dauer. Ir-

gendwann werfe sie Gesetze, Gewissheiten und Sicherheiten über den Haufen, um eine neue Logik in Kraft zu setzen. Auch die neue Logik bestehe nicht ewig, die Fragekraft werde sie in einer neuen Runde in Frage stellen und neue Antworten finden. – Vgl. désir bei Rouet (2009) 132. 160. 172.

[54] Vgl. Gen 37–41; 1Kön 3,5 (während Saul 1Sam 28,6 auch im Traum keine Antwort erhält); Dan 2 und 7, Mt 1,20. 2,12. 27,19. Der Missbrauch – jemand erzählt falsche Träume (Jer 23,32) – stellt die ursprüngliche Erfahrung nicht in Frage.

[55] Ignatius von Loyola (1553/55) I,8.

[56] Irenäus haer. IV 20,7. – Von hier aus lässt sich eine Brücke schlagen zum Selbst bei C.G. Jung und anderen Psychotherapeuten.

[57] 2Kor 3,17. Vgl. Röm 8,15; Gal 4,6f; 5,1; Kehl (1984) 99. 139.

[58] Vgl. Chenu (1955).

[59] »Es ist Sache des Christen, diese Werte zu erkennen und anzunehmen, die Gläubige und Nichtgläubige gemeinsam besitzen. Als Gläubiger lauscht er der modernen Welt und lernt ethische Werte anzuerkennen, deren Auftritt in der Geschichte nicht von der Kirche ausgeht, auch wenn am Ende doch das Gute Wort die Wurzel dieser ganz neuen Aufbrüche ist« Chenu (1965) 39, Übersetzung TP, gekürzt.

[60] Johannes XXIII. (1963) (DH 3955–3997). Die offiziellen landessprachlichen Fassungen der Enzyklika verwenden den Begriff viermal als Überschrift (vor Nr. 39, 75, 126, 142), so dass er die Struktur des Rundschreibens prägt. Der lateinische Text bietet keine Zwischenüberschriften und darum auch den Begriff nicht.

[61] Vgl. Chenu (1965) 32ff.

[62] Vgl. Johannes XXIII. (1963) Nr. 39–45 (DH 3974–78); Nr. 75–79 (DH 3986); Nr. 126–129 und 142–145. – Das Konzil nimmt den Begriff in Gaudium et spes 4 (DH 4304) und 44 (DH 4344) auf.

[63] Vgl. Johannes XXIII. (1961). Hier findet sich der Begriff *signa temporum*.

[64] Nr. 11–27 (DH 3958–3969). – Auch wenn die Umsetzung in konkrete kirchenrechtliche Normen noch kaum in Angriff genommen ist!

[65] Nr. 18–20 (DH 3963f); 64. Gleiche Rechte und Pflichten gesteht der Papst der Frau nur bei der Gründung der Familie zu.

[66] Nr. 121. 125; 136f (DH 3993).

[67] Chenu (1965) 33f, Übersetzung TP. Vgl. (1964b) 64.

[68] Vgl. Chenu (1964b) 63f.

[69] Basilius spir. 22.

[70] Basilius spir. 23.

[71] Übertragung Friedrich Dörr 1956. Vgl. Gotteslob Nr. 241; Nr. 242 und

das Katholische Gesangbuch Schweiz 482 bieten eine ökumenische Übersetzung.

[72] Ps 147,20. Vgl. Irenäus haer. IV 38, 1–3, IV 4,1 u.ö.

[73] Ps 89,32–35; vgl. Gal 3,15–18. Manchen Texten (z. B. Dtn 28,15–68; Mt 25,30. 46) gerät dieser Zusammenhang aus den Augen.

[74] Vgl. Hünermann (1994) 58–65.

[75] Übersetzung nach Hengel (2001) 107. Vgl. 104–116; Jer 23,5f.

[76] Jes 42, 1–7; vgl. 61,1–3. Hier tritt das heilende Wirken des Knechts in unmittelbare Verbindung mit dem Geist.

[77] Plinius d.J., Tacitus, Sueton und Flavius Josephus berichten, dass es »Chrestianer« gebe. Sie beriefen sich auf einen gewissen Christus, der unter dem Kaiser Tiberius und dem Prokurator Pontius Pilatus hingerichtet worden sei. Näheres bei Küng (1974) 111f.

[78] Mk 1,10f. Erst Joh 1,32 macht den Täufer zum Zeugen des Geschehens, um die Rangordnung zu klären.

[79] Gregor von Nazianz (330–390) stellte den Grundsatz auf *Was nicht angenommen ist, ist nicht erlöst.* Ihm zufolge muss Jesus in jeder Hinsicht Mensch gewesen sein. Nur dann nämlich umfasse die Annahme den ganzen Menschen; nur dann sei er erlöst. Wäre Jesus also allwissend gewesen, wäre die menschliche Verlorenheit im Unübersichtlichen nicht von Gott angenommen und damit nicht erlöst.

[80] Vgl. Lk 22, 35–38. Das schöne Jesusbuch von Bruners (1988) macht den ganzen Weg Jesu als Lernweg lesbar.

[81] Mt 6,25ff. Vgl. Hengel (2001) 75. – »Jesus beherrscht so gut wie Ben-Sira oder andere Weisheitsdichter die Gesetze der semitischen Poesie. Wir finden bei ihm den Parallelismus membrorum, Rhythmus, alle Arten des Wortspiels und den Reim. Vor allem ist er ein Meister der Bildung scharf formulierter Logien mit antithetischem Parallelismus. Diese Vorliebe für die oft paradox zugespitzte Antithese zeigt indessen, dass Jesus nicht abgeklärte Erfahrungsweisheit zum Zwecke besserer Lebensbewältigung vorträgt, sondern oft genug provozieren will«, ebd. 99f.

[82] Ebeling (1959) 50.

[83] »Wir haben ja nicht einen Hohepriester, der nicht mitfühlen könnte mit unserer Schwäche« (Hebr 4,15). Vgl. Sobrino (1997) 330: »Wenn man behauptet, Jesus war ›Laie‹, hat dies in der heutigen kirchlichen Situation nicht nur einen polemischen und ironischen Sinn, sondern es betont auf andere Weise nochmals das Wesentliche: Ob ›Laie‹ oder ›Priester‹, *Jesus ist Mittler, weil er wahrhaft Mensch ist*, aus keinem anderen, ›hinzugefügten‹ Grund.« Deshalb entwickelt der Hebräerbrief aus der hohepriesterlichen Rolle Jesu ein Priestertum aller Gläubigen (10,20) und erwähnt kein besonderes Priesteramt.

[84] Vgl. Hünermann (1994) 71.

[85] Lk 11,31f. Vgl. Hengel (2001) 86f.

[86] Die theologischen Meditationen bei Joh (4,26 u.ö.), die in *Ich bin*-Worten gipfeln, sind keine historischen Berichte.

[87] Vgl. Hengel (2001) 120.

[88] Vgl. Hünermann (1994) 80.

[89] »Hier gibt es nichts auszumalen, vorzustellen, zu objektivieren. Es wäre ja nicht ein ganz anderes Leben, wenn wir es mit den Begriffen und Vorstellungen aus unserem Leben anschaulich machen könnten! Weder unsere Augen noch unsere Phantasie können uns hier weiterhelfen, sie können uns nur irreführen. Die Wirklichkeit der Auferweckung selbst ist also völlig *unanschaulich* und *unvorstellbar*. Auferweckung und Auferstehung sind bildhaft-anschauliche Ausdrücke, sind Bilder, Metaphern, Symbole, die den Denkformen jener Zeit entsprachen und die sich natürlich vermehren lassen, für etwas, was selber unanschaulich und unvorstellbar ist und wovon wir – wie von Gott selbst – keinerlei direkte Kenntnis haben« Küng (1974) 339f. – Die biblischen Auferstehungstexte »wollen mit den Mitteln damaliger Erzählungen sowohl die unleugbare, ihnen von außen begegnende Realität des auferstandenen Jesus von Nazareth bekunden wie auch seine völlige Andersheit als früher. Wie sie diese neue Wirklichkeit des Auferstandenen erfahren haben, ist für uns heute kaum mehr auszumachen« Kehl (1984) 89.

[90] Joh 14,6. Vgl. Guardini (1938) 31.

[91] Vgl. Grün (2006) 43.

[92] Vgl. Vattimo (2004).

[93] Vgl. Oeing-Hanhoff (1984), bes. 166f.

[94] Gal 3,28. Zum Menschen gehören Unterschiede. Ein Mensch ist entweder Frau oder Mann, es gibt nichts dazwischen. Gemeinsam sind sie das Bild Gottes (Gen 1,27). Indem Gott Mensch wurde, konnte er nicht anders als in den sexuellen Unterschied einzutreten, wie in viele andere auch. Ein Vorzug eines Geschlechts lässt sich aus Jesu Mannsein nicht begründen. Vgl. Schmaus (1947) 234: »Wenn wir die Worte Vater und Sohn gebrauchen, so soll damit ... die Wirklichkeit Gottes nicht etwa in geschlechtlicher Differenzierung erscheinen.« Vielmehr bestehe das Christentum darauf, dass Gott »jeder geschlechtliche Charakter völlig ferne liegt«.

[95] Vgl. Irenäus haer. III 17, 1: »Daher stieg dieser auch auf den Sohn Gottes, der zum Menschensohn geworden war, hinab und gewöhnte sich bei ihm, im Menschengeschlechte zu wohnen und in den Menschen zu ruhen und Wohnung zu nehmen im Geschöpfe Gottes, indem er in ihnen den Willen des Vaters vollzog und sie aus dem Alten zur Neuheit Christi erneuerte.«

Sichtbare Gestalt

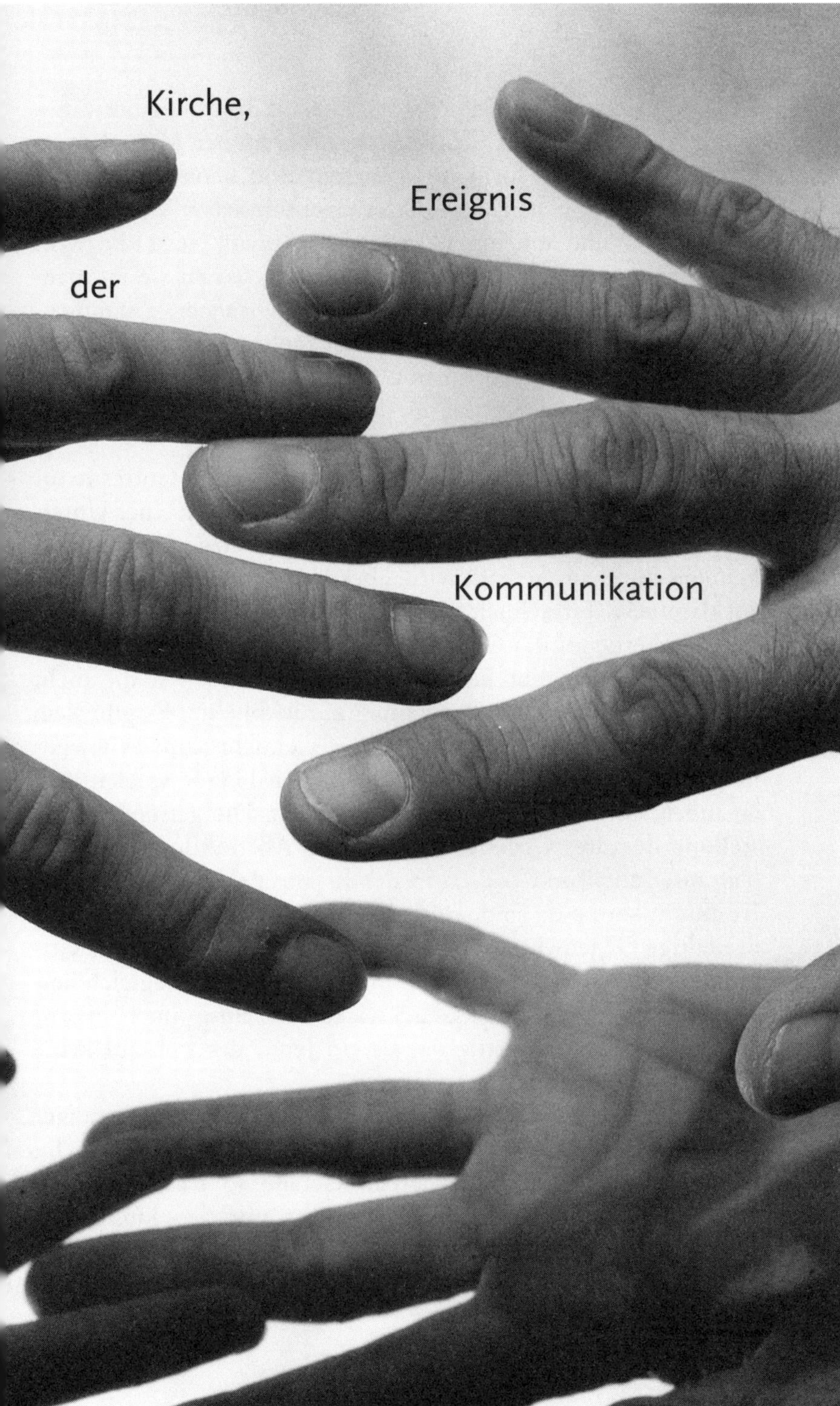
Kirche,
Ereignis
der
Kommunikation

Die vorangegangenen Kapitel entwickelten das Bild einer väterlichen Mutter, die zwei Hände ausstreckt, um den Menschen zu ihrem Ebenbild zu formen. In diesem Bild kann der Mensch von heute seine Erfahrung in ihrer eigentümlichen Vielfalt wiedererkennen und annehmen. Innen und Außen, Geist und Wort sind klar unterscheidbar. In der Erfahrung stehen sie in Spannung, wiewohl der Glaube sagt, dass sie im Tiefsten zusammenarbeiten. Den Willen Gottes findet der suchende Mensch jeweils im Zusammenklang von Innen und Außen vor dem unbegreiflichen Geheimnis. Dazu ist in der Vielfalt der Stimmen eine Scheidung der Geister und Worte notwendig.

Das Vorangegangene hat die drei Gegenwarten Gottes je für sich dargestellt. Es bediente sich einer Abstraktion: einer Unterscheidung, die der Erkenntnis dient und dem Gegenüber des Erkennens durchaus gerecht wird, aber zugleich lebendige Bezüge ausklammert. Tatsächlich tritt keine der Gegenwarten allein auf. Niemand erkennt das Geheimnis im Horizont ohne Kreativität und Sprache. Es gibt keine Erfahrung des Geistes, die nicht schon auf inspirierende Begegnung zurückblickte. Es gibt kein Wort, das ins blanke Nichts erginge; vielmehr wird es jeweils in eine Beziehung gesprochen. Die beiden Hände spielen miteinander, sie werfen einander die Bälle zu. Die getrennte Darstellung der drei Gegenwarten ist eine Abstraktion, weil Geheimnis, Innen und Außen in der Erfahrung immer schon als Kommunikation da sind. Deshalb bekennt das Christentum die dreifaltige Gegenwart als einen Gott. Sie ist eine Kommunikation, die von den drei Gegenwarten ausgeht und sie zugleich hervorbringt. Eigenstand der Gegenwarten und ihr intimer Zusammenhang sind gleichzeitig da, als ein Jetzt, das sich auf keine andere Größe zurückführen lässt.

Die dreifache Gegenwart tritt nun als Erfahrung lebendiger Kommunikation in den Blick. Anziehungskräfte sieht man nicht; Kommunikation aber ist sichtbar. Gerade so hängt auch im Christentum die unsichtbare Gegenwart mit den kirchlichen Formen von Gebet und Institution zusammen. Im zweiten Hauptteil zeigen sich zunächst die sichtbaren Formen in ihrem

Sinn und Wert; danach gilt die Aufmerksamkeit der Krise dieser Formen, die sich auf schwere Verletzungen und ihre narzisstische Verarbeitung zurückführen lässt. Schließlich geht es um den Blick, den die Christen heute auf die anderen Religionen werfen.

Geist, Wort, sichtbare Gemeinschaft

Gemeinsam bewirken die beiden Hände sichtbare Gemeinschaft. Das ist in allen Lebensbereichen so. Ein Weg führt vom Geist zur Institution; ein anderer vom Wort zur Gemeinschaft. Was wäre ein junger Fußballer, der mit niemandem kommunizieren wollte? Könnte er ganz allein, in der Stille, sein Talent fortentwickeln und es bis an die Spitze schaffen? Was wäre eine Geigerin, die keinen Unterricht und kein Zusammenspiel akzeptieren wollte? Könnte sie ganz privat, im Namen ihrer künstlerischen Authentizität, ihre musische Begabung pflegen? Es ist offensichtlich: Ohne Institution, die Training und Unterricht, Spiel und Konzert organisiert und verbindlich trägt, kann aus dem Talent des Einzelnen nichts werden.[1] Ähnlich kann aus einer Leiderfahrung eine Selbsthilfegruppe und ein Verein entstehen, die tragen helfen. Wo ein Wert nicht nur als Strohfeuer brennen, sondern auf Dauer bestehen soll, schaffen Menschen Institutionen. In Familie und Schule, Sport und Kunst, in Staat und Gesellschaft ist das selbstverständlich. Für Bestand und Entwicklung menschlicher Werte sind dauerhafte und teure Strukturen sinnvoll, selbst wenn sie mitunter träge und vereinsmeiernd wirken.

Mit der Kreativität verhält es sich wie mit einem Holzscheit, das in einem Feuer liegt. In der Nachbarschaft anderer glühender Hölzer kann es leuchten und glühen. Nimmt man es aus dem Feuer heraus, mag es wohl noch ein Weilchen flackern und noch lange glimmen. Doch mit den hellen Flammen ist es zu Ende. Zur frohen Flamme, zum leuchtenden Licht kann Glut nur werden, wenn sie Gleichgesinnte findet und Gemeinschaft wagt. Begeistert sein kann man auf Dauer nicht allein.

Deshalb gehört es zu den stärksten Erfahrungen, die ein Mensch machen kann, Weggefährten zu finden, desto wertvoller, je tiefer der Einsatz für Werte berührt. Gemeinschaftliche Lebensformen versöhnen den Menschen mit seinem Dasein. Von Anfang bis Ende ist er ein Gemeinschaftswesen, lebenskräftig gerade nach dem Maß seiner Bezüge. Es ist eine Alltagseinsicht, dass niemand stärker sein kann als das Netz, das ihn trägt. Lebendigkeit des Einzelnen und tragfähige Gemeinschaft sind zwei Seiten derselben Medaille.

Nicht erst zum Entfalten eines Talents bedarf es verlässlicher Kommunikation. Es beginnt noch ursprünglicher. Bereits dass sich so etwas wie Talent zeigen kann, setzt einen Weg der Kommunikation voraus. Denn der Mensch kann seine Innerlichkeit gar nicht anders formen als in Kommunikation. Nach dem bedeutenden Psychoanalytiker Otto Kernberg sind es gerade verinnerlichte Kommunikationen, aus denen sich die innere Welt des Menschen aufbaut. Jede Kommunikation hinterlässt ein Bild des Gegenübers, ein Selbstbild und ein Klima der Kommunikation. Die innere Welt und ihre Atmosphäre setzt sich aus Szenen der Kommunikation zwischen Innen und Außen, zwischen Ich und Du zusammen.[2]

Der andere Weg führt vom Wort zur sichtbaren Gemeinschaft. Das Experiment Kaiser Friedrichs II. (1212–1250) ist der Menschheit in Erinnerung geblieben. Er wollte herausfinden, welche die menschliche Ursprache sei, und ließ fünfzig Säuglinge ohne Ansprache und Zuneigung aufwachsen. Obwohl gut ernährt und gepflegt, starben binnen eines Jahres alle Kinder. Eine Sprache zeigte sich nicht. Ohne Wort, das Gemeinschaft stiftet, verkümmert die Lebendigkeit. Wo der Wunsch zu leben kein Gegenüber findet, entfaltet er sich nicht.

Wo immer ein Mensch etwas zu sagen hat, sammelt er andere um sich. Um sein Wort bildet sich eine Gemeinschaft. Ein Politiker formuliert eine Botschaft. Sie kommt an, Menschen sammeln sich um sie, etwa bei Demonstrationen, lernen sich kennen, fühlen sich einander verbunden, übernehmen Verantwortung. Oder eine Psychologin hat eine neue Form der Begleitung entwickelt –

wieder sammeln sich interessierte Menschen und begegnen einander. Aus dem Wort entsteht Gemeinschaft, dann eine neue Institution, eine Partei, ein therapeutisches Institut. Mit dem Altern der Gründerfigur werden Formen notwendig, welche ihre Autorität weitergeben. Oft wird sie feierlich verliehen. Solche Formen sind im Berufsleben selbstverständlich. Niemand darf ja einfach so beginnen, sich als Anwältin, Arzt oder Schreinerin zu betätigen. Die Weitergabe ist nötig, weil die ursprüngliche Botschaft je neu ausgesprochen werden will. Es genügt nicht, dass sie einmal gesagt ist. Um zu wirken, muss sie ja Gegenwart sein, nicht staubige Vergangenheit! Auf Parteitagen und Kongressen will sie bekräftigt und weiterentwickelt werden in Formen, die mit der Erfahrung ihrer Zeit sprechen. Eine Gemeinschaft möchte sich in Riten, Botschaften und Personen wieder erkennen. Sie stellen die gewählte Lebensform dar, so dass sich an ihnen die Motivation je neu aufrichten kann. – Das Christentum lebt von derselben Logik: die beiden Hände des Vaters, Geist und Wort, bewirken zusammen sichtbare Gemeinschaft. Wieder führt ein Weg vom Geist zur sichtbaren Gemeinschaft, ein anderer vom Wort.

Kirche, Tochter des Geistes

Die dreifache Gegenwart kann jeder Mensch zu jedem Lebenszeitpunkt erfahren. Wo Menschen ihr regelmäßig Achtsamkeit schenken, scheint sie heller. Die Durchlässigkeit für das Unsagbare lässt sich üben. Soll sie nicht im Betrieb des Alltags verschwinden, zwischen Familie, Berufsarbeit und Unterhaltung, bedarf sie der Bildung und des regelmäßigen Trainings – und damit der Institution. Diese Einsicht ist heute mehrfach versperrt. Das neoliberale Menschenbild anerkennt Institutionen ungern. Weil es nur Einzelne im Kampf um persönlichen Gewinn sehen will, bietet es dem Engagement für gesellschaftliche und kulturelle Werte zu wenig Anerkennung, Wärme und Kontinuität. Der Neoliberalismus ist – bei einiger Berechtigung in Teilaspekten – kein geeigneter Horizont, wenn man Menschlichkeit bewahren und fördern möchte. Hinzu kommt, dass die Christen durch mehrfache Führungskrisen belastet sind, so dass die religiöse Institution für viele Zeitgenossinnen beschädigt ist. Schließlich begegnet der Zeitgenosse der Kirche mit einem eigentümlichen Idealismus. Bevor er selbst irgendeinen Einsatz zu leisten bereit wäre, erwartet er von dieser Institution eine völlige Abwesenheit alles Zweideutigen. Die Erwartung steht in keinem Verhältnis zu den Kompromissen, die er als Wähler oder Vereinsmitglied, als Bankkunde oder Patient eingeht. Solch abstrakter Idealismus ist kein haltbarer Standpunkt und doch schwer zu erschüttern, da er der Bequemlichkeit dient. Richtig bleibt freilich, dass die Kirche für so grundlegende Werte steht, dass der Zeitgenosse zu Recht ein wenig Leuchten als Wahrheitsausweis des unbedingten Anspruchs erwartet.

So kommt es, dass die Zeitgenossin ihre Religiosität am liebsten ganz privat und für sich allein verwirklicht. Durchdacht ist diese Neigung nicht. Es ist nicht einzusehen, wie die Einzelne sich ohne Institution und prägende Form religiös entwickeln sollte.[3] *Ein Christ ist kein Christ!*, besagt eine – Tertullian zugeschriebene – Einsicht der alten Kirche. Der direkte Weg führt von der spirituellen Frage zur Institution. Der andere Weg führt auch hier vom Wort zur Gemeinschaft.

Kirche, Frucht des Wortes[4]

Das Christentum beginnt in der Erscheinung des Auferstandenen. Er sendet Zeugen, hinter deren Wort seine Autorität steht. Paulus besteht darauf, er und nicht irgendein anderer Christ habe die Vollmacht des Apostels, die Frohe Botschaft so zu verkünden, dass sie allen ein Maß setze, und Gehorsam einzufordern. »Ich erkläre euch, Geschwister: Das Evangelium, das ich verkündigt habe, stammt nicht von Menschen; ich habe es ja nicht von einem Menschen übernommen oder gelernt, sondern durch die Offenbarung Jesu Christi empfangen.« Die Sendung durch den Auferstandenen steht für sich; Paulus legt darüber hinaus Wert darauf, dass sie nicht der Bestätigung durch die anderen Apostel bedürfe.[5]

Die Zeugen erzählen also vom Auferstandenen, nicht in eigenem Namen, sondern im Auftrag Jesu (Mt 28,18ff; 1Kor 11,24f). Sie treten als Person zurück und tun in verliehener Autorität, was sie aus eigener Kraft nicht tun können. Sie werden durchsichtig für eine größere Gegenwart. Neben den Aposteln kennt das Neue Testament auch andere Verantwortungsträger: etwa Älteste, Lehrer und Diakoninnen. Zusammenfassend nennt man alle diese Dienste kirchliches Amt. Die heutigen Kirchen nennen sie unterschiedlich; sie kennen Diakoninnen, Pastoralreferenten, Pfarrerinnen und Priester, Bischöfinnen und den Papst. Das Amt stellt Christus, das Gegenüber, dar und macht ihn im Jetzt erfahrbar. Seine Botschaft und sein Schicksal werden Gegenwart.

Um die Botschaft bildet sich eine Gemeinschaft. Sie ist ohne die Boten nicht vorstellbar. Ihr glaubwürdiges Zeugnis ist es, das die Botschaft verbürgt und dem Zweifel Einhalt gebietet. Auch heute! Die Bibel steht in vielen Bücherregalen, ohne viel zu bewirken. Erst wo ein überzeugender Bote auftritt, findet die Hoffnung der Vielen einen Kristallisationspunkt und stellt sich in einer Gemeinschaft dar. In jedem Christenleben sind irgendwann Menschen aufgetreten, welche die Frohe Botschaft verkörperten. Das Wort von der Auferstehung gibt es nur im Mund – besser: in Gestalt – eines Jemand. Solche Boten sind nicht immer Amtsträger. Doch in den meisten christlichen Biografien spielen beauftragte Zeugen eine wichtige Rolle.

Der öffentlich gesandte Zeuge, der mit Vollmacht spricht, gehört wesentlich zum Kommunikationsgeschehen Kirche. Er repräsentiert das Wort, das der Erfahrung des Geistes bleibend gegenüber steht, kritisch und eigenständig. Das hat Sinn, denn die tatsächliche Gemeinschaft und Erfahrung der Christen bleiben hinter der Unbedingtheit des Anspruchs immer zurück. Das Christentum lebt vom Wort seines Gegenübers. Würde es nicht mehr mit Vollmacht ausgesprochen, das Christentum müsste im Mittelmaß versinken und am Gewicht seiner Vergangenheit ersticken. Die Suche der Christen nach Gott erweist sich als echt, indem sie das Gegenüber des Amtes unbedingt anerkennt, auch in der menschlichen Beschränktheit seiner Träger.[6] Damit stellt sich die Aufgabe, ein Ethos der Ausübung von Macht und der Kritik an ihr zu entwickeln, das sich deutlich von den Selbstverständlichkeiten weltlicher Macht unterscheidet.

Warum ist ein Bote glaubwürdig? Natürlich liegt viel an seinen kommunikativen Möglichkeiten und menschlichen Qualitäten. Doch selbst wenn er dem Genie nahe käme, hinge doch alles von einer Frage ab: Mit welchem Recht tritt er als Zeuge der Auferstehung auf, wenn er's doch nicht selbst gesehen hat? Aufgrund der Bibel? Dann müsste er begründen, warum er gerade ihr glaubt und nicht irgendeinem anderen Druckerzeugnis. Er könnte sagen, dieses Buch spreche mehr zu ihm als andere. Das kann gut sein – aber genügt das, um vertrauenswürdig Zeugnis von der Auferstehung zu geben? Die persönliche Überzeugung, auch die Begeisterung einer Gemeinschaft, bleiben psychologische Erscheinungen; sie erlauben keine Aussage über vergangene geschichtliche Ereignisse. Auch die reformatorischen Kirchen sind nicht aus spontaner Bibellektüre von Nichtchristen entstanden, sondern im Strom des kirchlichen Zeugnisses. Faktisch verdanken Protestanten wie Katholiken ihren Glauben dem sichtbaren Zeugnis der einen Kirche, durch die Jahrhunderte hindurch.

Das Christentum begründet sich durch eine objektive Geschichte. Es will mehr sein als subjektive Bewegtheit. Wie kann das Zeugnis jener einmaligen Erfahrung durch die Jahrhunderte glaubwürdig weiterwirken? Indem der Gesandte die Sendung weitergibt, indem der eine dem anderen die Botschaft verbürgt. Indem der Beauftragte im Namen Christi das Recht und den Auftrag gibt, als Zeuge aufzutreten. Nicht im stillen Kämmerlein, sondern öffentlich und nachvollziehbar, mit dem Gewicht nicht nur der persönlichen Überzeugung, sondern auch des öffentlichen Ansehens. Deshalb legen die katholischen und orthodoxen Kirchen höchsten Wert auf die ununterbrochene Linie, die Apostolische Sukzession[7], bis zurück zu den Aposteln, die den Herrn mit eigenen Augen gesehen haben. Deshalb legt der Bischof bei der Weihe die Hände auf, so wie sie ihm einst aufgelegt wurden von anderen, die auf gleiche Weise gesandt waren. Bis zurück zu jenen, die ihre Sendung aus den Händen der Zeugen selbst erhalten hatten. Lebendige Autorität, durch die Jahrhunderte weitergegeben, unterscheidet das Christentum von einer Ideologie, die ebenso gut irgendjemand erfunden haben könnte.[8] Freilich lässt sich mit den Quellen, namentlich der ersten Jahrzehnte des Christentums, nicht historisch beweisen, dass die Sendung ununterbrochen weitergegeben wurde. Die neutestamentlichen Spuren dieser Praxis (etwa 1Tim 4,14; Hebr 6,2) bleiben weniger bestimmt. Die Apostolische Sukzession verdankt ihre Glaubwürdigkeit – in einem eigentümlichen Zirkel – noch einmal dem Vertrauen auf die christliche Botschaft als ganze.

Gründete sich das Amt nur durch die Wahl der Gemeinschaft, bliebe es abhängig von ihrer Befindlichkeit, etwa von der Gruppendynamik eines Kirchgemeinderates. Der Eigenstand der beiden Hände würde verkürzt, ihr Zusammenspiel fände nicht zu voller Entfaltung. Die apostolische Sukzession ist das Rückgrat des sichtbaren Wortes – nicht sein Herz, nicht sein Atem. Sie stellt der Kontinuität des Geistes im Subjektiven eine Kontinuität des Wortes im Objektiven gegenüber. Sie gibt dem Wort und damit der Gemeinschaft Bestand und Festigkeit. Deshalb nennt das Glaubensbekenntnis die Kirche *apostolisch.*

Das erste Vatikanische Konzil hat 1870 den Eigenstand des Amtes scharf auf den Punkt gebracht. Es erklärte den Papst zum unfehlbaren Zeugen, »aus sich, nicht aus dem Konsens der Kirche«[9]. Das Zweite Vatikanische Konzil nahm 1964 nichts davon zurück und ergänzte den Sinn dieser Sendung: die Unfehlbarkeit finde ihren Sinn in der Einheit der Christen[10] und werde ausgeübt einig mit den Bischöfen, welche die Ortskirchen repräsentieren. Gerade als eigenständige findet die Unfehlbarkeit ihren Sinn nur im Kontext des weltweiten Kommunikationsgeschehens Kirche. Der Papst werde, darauf vertrauen die Katholiken, nur als Glaubenssatz verkünden, was faktisch bereits von ihnen geglaubt werde. Denn die lebendige Wurzel der Unfehlbarkeit ist für das Konzil »die Gesamtheit der Gläubigen, welche die Salbung von dem Heiligen [Geist, TP] haben« und die »im Glauben nicht fehlgehen« könne[11]. Die Katholiken trauen ihrem Amt zu, dass es soweit mit dem Geist in den Herzen der Vielen in Berührung ist, um nichts als endgültig wahr festzuschreiben, was nicht auch wirklich wahr sei. Das ist steil, aber nicht steiler als der Glaube daran, dass Gott selbst im Herzen eines jeden Menschen Wohnung nimmt. Legte sich das Papsttum auf verbindliche Strukturen der Anhörung fest, bevor eine unfehlbare Entscheidung verkündet werden könnte, würde die Unfehlbarkeit plausibler, ohne Bedeutung einzubüßen.

Das Amt empfängt seinen Sinn von der Sendung der Kirche: sie soll sich von der dreifachen Gegenwart ergreifen lassen und zu ihrem Bild werden. Für sich allein genommen, bliebe der Anspruch des Zeugen abstrakt. Er lebt nur in Kommunikation mit der Erwartung der Vielen. Von ihr her erfährt das Amt seinen Sinn und seine Grenze.[12] Das Amt erhält seine konkrete Gestalt aus den Bedürfnissen der Gemeinschaft. Bereits die Dreigliederung Diakon – Priester – Bischof geht nicht auf den Auferstandenen, sondern auf die entstehende Kirche zurück. Das Amt muss sich am Glauben der Kirche messen lassen. Paulus gibt in seiner Kritik an Petrus (Gal 2) ein Beispiel dafür. Das Amt ist auf den Aufbau der Gemeinschaft verpflichtet und hat nicht sein Dasein, aber sein Vorgehen vor diesem Ziel zu rechtfertigen. Auf dem heutigen Niveau der Mündigkeit steht den Christen das Recht auf öffentliche und kritische Erörterung dieses Vorgehens zu.

Die ursprüngliche Bedeutung der Zeugen lässt sich nicht in demokratische Mitverantwortung auflösen, aber gut mit ihr verbinden. Die Verantwortung einer geweihten Person schließt die aktive Beteiligung der Christen an Entscheidungen nicht aus, sondern ein. Denn die Gemeinschaft entwickelt sich am besten, wenn die vielen Begabungen in weit reichende Verantwortung genommen werden. Auch die Wahl von Amtsträgern durch die Christen steht nicht im Gegensatz zur Objektivität des Amtes.

Die meisten Ordensoberen und der Papst werden ja durch Wahl bestimmt. Auch einem vom Volk gewählten Diakon, Priester oder Bischof verleiht die Weihe jenen Eigenstand, der ihn zum verbindlichen Repräsentanten Christi macht.

Kirche, Ereignis der Kommunikation

Beider, des Geistes wie des Wortes, Eigendynamik bringt sichtbare Gemeinschaft hervor. Indem sich menschliche Gemeinschaft ereignet, treffen sich die beiden Bewegungen und teilen sich einander mit. Weder in der einsamen Sehnsucht noch im bloßen Zeugnis ereignet sich die dreifache Gegenwart in ihrer vollen Gestalt. Sie ist da, indem Wort und Geist je neu Kontakt finden. Ansätze dazu sind im menschlichen Dasein immer schon gegeben und gar nicht zu vermeiden. Im Ereignis der Kommunikation gibt ein Mensch sich dem Gegenüber des anderen hin und findet sich. Es fließt etwas, Gemeinschaft entsteht und stellt sich sichtbar dar. Die Christen verstehen sich von dieser ursprünglichen Erfahrung her. Das Wort Kirche ist – weit entfernt leider vom zeitgenössischen Sprachgebrauch – gleichbedeutend mit Kommunikation. Kirche ereignet sich, wo Menschen die ursprünglichste Erfahrung bejahen und gemeinsam vollziehen. Indem sich Kommunikation ereignet und verbindlich wird, ergreift das Göttliche die Menschen. Darum bekennen die Christen die Kirche als heilig. Nicht dass sie von moralischen Fehlern frei wäre! Das sagt das Wort nicht, sondern dass im Ereignis der Kirche die dreifache Gegenwart Gottes erfahrbar da sei. Diese Kommunikation ist zum Gelingen des Daseins notwendig, in je bewussteren Formen, je differenzierter sich der Mensch verwirklicht.[13] Sie trägt, indem sie sich ereignet, indem die Botschaft des Zeugen mit der Hoffnung der Suchenden zusammenklingt.

Die Kirche ist das lebendige Zeugnis von der Auferstehung. Von Jesus Christus her kommt nur die Botschaft. Erst indem sie mit dem Geist zusammenwirkt, bildet sie Kirche. Hier trifft das gute Wort die innerste Sehnsucht und richtet sie auf. So findet die Erfahrung, die alle trägt, den tiefsten und klarsten Ausdruck. Diesem Wir des erlösten Menschen, das sich nicht in lauter Ichs auflösen lässt, gibt die Kirche als Institution Form. Sie ist dazu da, für die dreifache Gegenwart durchsichtig zu sein. Jedenfalls erheben die Christen diesen Anspruch. Dass die Institution oft daran scheitert, ihn vor der Erfahrung einzulösen, ist offensichtlich. Doch in allen Schwierigkeiten bleibt der ursprüngliche Grund erreichbar: Wo immer die dreifache Gegenwart in der Erfahrung da sein darf, ereignet sich von neuem Gemeinschaft und stellt sich sichtbar dar.

Das Ereignis von Kirche reicht also viel weiter als die Auferstehungsbotschaft und das Christusbekenntnis. Weniger ausdrückliche Formen menschlicher Verbundenheit in Gemeinschaft und Institution deuten an, bereiten vor, gehören bleibend dazu. Der Noahbund (Gen 9) schließt im Zeichen des Regenbogens alle Menschen ein; der Segen über Abraham (Gen 12) verbindet bis heute alle, die an einen einzigen Gott glauben. Vor Christus sind alle Menschen eingeschlossen, ohne dass sie sich hätten zur Auferstehung bekennen können.[14] Entsprechend gilt die Verbundenheit jener unsichtbar-sichtbaren Gemeinschaft auch den nichtchristlichen Zeitgenossen. Wo immer sich Gemeinschaft und gesellschaftliche Verantwortung ereignen, stehen Menschen im Geheimnis, das die Christen Kirche nennen. Deshalb bekennen die Christen die Kirche, entgegen ihrem Erscheinungsbild, als eine. Sie ist das »von der Einheit des Vaters und des Sohnes und des heiligen Geistes her geeinte Volk«.[15] Es gibt eine Gegenwart, die alle zusammenhält. Sie ist ursprünglicher als die Worte der Christen.

Der Konflikt gehört zu einer Gemeinschaft, die eine mehrfache Gegenwart darstellt. Ihre Herausforderung besteht nicht darin, den Streit zu überspielen, sondern so zu streiten, dass sich Einheit je neu ereignen kann. In der Sprache der Christen drückt heute das Wort *ökumenisch* die Sehnsucht nach gelungenen Konfliktlösungen aus. Es drückt den Glauben an die Einheit aus, angesichts scheinbar unüberwindlicher Streitigkeiten. Die alten Christen haben miteinander gestritten, aber sie haben auch miteinander gebetet und Mahl gehalten. Sie haben miteinander verhandelt und haben nicht ohne Erfolg versucht, immer wieder zu einem gemeinsamen Bekenntnis zu kommen. Der Glaube an die Einheit fand seinen Ausdruck in der gegenseitigen Anerkennung der führenden Bischofsstühle und theologischen Zentren. Schon im zweiten Jahrhundert sieht Irenäus, Bischof von Lyon, den römischen Bischof als sichtbares Symbol der geglaubten Einheit.[16] Im vierten Jahrhundert gewinnt das Symbol rechtliche Verbindlichkeit: Ohne die Zustimmung des römischen Bischofs konnten Konzilsbeschlüsse nicht in Kraft treten. Die Christen schaffen und anerkennen eine Institution, welche die Einheit erfahrbar halten soll.

Der offene Grundzug setzt sich im Selbstkonzept der katholischen Kirche fort. Das mag erstaunen, steht die römische Kirche doch im Ruf, der Inbegriff einer klar begrenzten und gegenständlichen Institution zu sein. Tatsächlich wirft sie einen differenzierten Blick auf sich selbst. Die »Gesellschaft … und der geheimnisvolle Leib Christi, die sichtbare Versammlung und die geistliche Gemeinschaft, die irdische Kirche und die mit himmlischen Gaben beschenkte Kirche sind nicht als zwei Dinge zu betrachten, sondern bilden eine einzige komplexe Wirklichkeit, die aus menschlichem und göttlichem Element zusammenwächst«.[17] Die Kirche ist in ihrem Selbstverständnis viel mehr als ihre sichtbare Gestalt. Zugleich – es ist nur scheinbar ein Widerspruch – vertraut keine andere Weltreligion der Institution so konsequent wie das Christentum. Nur hier finden sich Organisationen, die alle Religionsgenossen trennscharf einschließen und repräsentieren.[18] Christin ist, wer in der Taufe in eine Kirche aufgenommen wurde. Demgegenüber ist man Jüdin durch eine jüdische Mutter, Muslima durch das Ablegen des Glaubensbekenntnisses vor Zeugen, ohne dadurch in eine Institution einzutreten.

Weil die göttliche Gegenwart alle mögliche menschliche Erfahrung umfasst, ist die Kirche gesandt, die Einheit aller Menschen je neu zu finden und darzustellen, so dass diese im vollen Sinn erfahrbar wird. »Zum neuen Gottesvolk werden alle Menschen gerufen. Darum muss dieses Volk eines und ein einziges bleiben und sich über die ganze Welt und durch alle Zeiten hin ausbreiten, auf dass sich die Absicht … Gottes erfülle, der die Menschennatur am Anfang als eine gegründet und beschlossen hat, seine Kinder, die zerstreut waren, schließlich zur Einheit zu versammeln.«[19] Darum nennt das Glaubensbekenntnis die Kirche *katholisch:* die Welt in all ihrer Vielfalt umspannend. Freilich berührt es die Grenze der Seriosität, dass die römisch-katholische Kirche das Wort katholisch im Glaubensbekenntnis des vierten Jahrhunderts nicht übersetzt. Denn nach den Ereignissen des 16. Jahrhunderts muss, wer nicht genau informiert ist, den Satz konfessionell verstehen. Damit tut man so, als gäbe es zu einer streng konfessionellen Loyalität keine Alternative. Das ist nicht berechtigt, da der Streit nicht so tief geht: Taufe und Taufbekenntnis anerkennen die großen Kirchen gegenseitig. Manche evangelische Christen ersetzen ›katholisch‹ durch ›christlich‹. Andere übersetzen vage mit ›allgemein‹. Die ursprüngliche Bedeutung – ›alle Gegensätze umfassend‹ – ist den Christen, in Konfessionen zersplittert, abhanden gekommen.

Das wandernde Volk Gottes

Die Kirche hat eine Geschichte. Sie ist, wie jede Gemeinschaft, in Entwicklung. Unterwegs hat sie in je neuen Gegebenheiten neue Gestalten zu entwickeln. Tatsächlich weiß man heute noch nicht, was morgen Kirche sein wird. Sie ereignet sich je neu zwischen Sehnsucht der Zeit und Gutem Wort. Der Geist zeigt sich jeweils im Neuen und Unbekannten, er setzt Jesus Christus in seiner Neuheit gegenwärtig, Aspekte also, welche die Christen bisher noch nicht verstanden haben. Das Christentum gleicht einer wunderbaren Vase aus Ton, die einen kostbaren Schatz birgt. Dieser Schatz, der Geist, macht die Vase immer wieder jung, er gestaltet sie immer wieder neu.[20] Sprache, Ritual und Institution sind der Ton, den der Geist von innen heraus gestaltet. Die Kirche gleicht nicht einem steinernen Bau, der, einmal aufgerichtet, nur zu bewahren und zu bewerben, gar zu verteidigen wäre. Die Christen sind ein wanderndes Volk.[21] Sie sind nicht durch äußere Umstände dem Wandel wie etwas Fremdem unterworfen, sondern sind, wie ein Sauerteig (Mt 13,33), selbst eine Dynamik, die verwandelt.

Neue gesellschaftliche Verhältnisse fordern regelmäßig neue Formen, die Frohe Botschaft darzustellen. Umbrüche finden ihren Spiegel in kirchlichen Reformen, von denen es zwei Typen gibt. Konservative Reformen – ganz im Wortsinn – bewahren einen bereits erkannten Wert. Sie wirken Missständen entgegen, zum Beispiel die jüngsten Maßnahmen gegen Missbrauch von Kindern. Progressive Reformen hingegen gehen einen Schritt voran. Sie öffnen die Strukturen des religiösen Lebens, um neuen sozialen Verhältnissen und deren Mentalität Form zu geben. Die Zulassung von Messdienerinnen in den 1980er Jahren war eine progressive Reform.

Zwischen dem 11. und 16. Jahrhundert traten zwei konservative und zwei progressive Reformen der Kirche[22] hervor: zur ersten Gruppe zählt, neben der devotio moderna des 15., die cluniazensische Reform des 11. Jahrhunderts. Progressive Reformen waren die Bettelorden des 13. und die Reformation des 16. Jahrhunderts. Die cluniazensische Reform bezog sich auf die äußere Freiheit der Kirche. Im frühen Mittelalter waren es meist Adlige, die eine Kirche bauten und schützten. Sie wollten auch bestimmen, wer dort was predigte. Entsprechend beanspruchte der Kaiser, die Bischöfe einzusetzen. Dagegen kämpfte eine klösterliche Reform, die vom burgundischen Kloster Cluny ausging: *libertas ecclesiae!* Für die Freiheit des Priesters gegenüber dem Adelsherrn! Es konnte nicht sein, dass das geistliche Wort der weltlichen Macht zu Willen sein musste. Die Reform setzte die Eigenständigkeit der Kirche gegenüber der Politik durch.

Anders verhielt es sich im 13. Jahrhundert. In den aufstrebenden Städten trat die Erfahrung freiwilliger Zugehörigkeit zu einer Gemeinschaft auf. Leibeigene flohen in die Stadt; nach Jahr und Tag konnten sie Bürger werden. In den Zünften wirkten Gleichberechtigte zusammen. Handelsbeziehungen öffneten neue kulturelle Horizonte. In den Universitäten befreite sich die

Wissenschaft von der Macht der Geistlichen. Das religiöse Leben aber spielte sich in den benediktinischen Abteien ab: auf dem Land, durch ein System von Treueiden befestigt, in streng hierarchischen Formen, mehr auf das Heil des Einzelnen bezogen als auf kreatives Zusammenwirken. Der klösterliche Paternalismus und die Armut Einzelner in mächtigen Abteien konnte dem Freiheitsbewusstsein der jungen Städter nichts sagen. Da schufen Franziskus und Dominikus neue Lebensformen. Sie verschmolzen geistliche Tradition und Zusammenwirken von Gleichgestellten. Die Bettelmönche lehrten öffentlich, nicht hinter verschlossenen Klosterpforten. Sie akzeptierten die Spielregeln der Universität und machten die Theologie zu einer Stimme in der städtischen Öffentlichkeit. Nun wollten ganze Gemeinschaften arm leben. Ihre Oberen verstanden sie als brüderliche Leitung, gewählt nur für begrenzte Zeit.

Innozenz III. erkannte die neuen Gemeinschaften an. Sie vermochten die Spaltungstendenzen weitgehend zu bannen und verhalfen dem Christentum im 13. Jahrhundert zu ungeahnter Blüte. Binnen eines Jahrhunderts konnte der kulturelle Vorsprung der islamischen Welt aufgeholt, ja in sein Gegenteil verwandelt werden. Die Lösung des 13. Jahrhunderts war pluralistisch. Die Kirche anerkannte die neuen Formen, ohne die alten aufzugeben. Die Abteien blieben bestehen und die städtischen Formen wurden akzeptiert. Das »Katholische Und«, die Fähigkeit der Christinnen zum Pluralismus, zeigte seine Stärke – leider nicht ohne Schatten: Kirche und Staat desselben 13. Jahrhunderts gingen gegen Albigenser und Katharer mit unerhörter Brutalität vor.

Die periodisch wiederkehrenden Reformen gehören zum Wesen der pilgernden Kirche. Immer ist sie berufen, eine Synthese zwischen den Werten der Zeit und der Frohen Botschaft zu finden. Dann – und nur dann – können die Zeitgenossen im Herzen ihres Engagements die Frohe Botschaft wiedererkennen. Immer bedeutet die Herausforderung durch neue Verhältnisse eine Chance, die Gegenwart Gottes tiefer, bewusster und umfassender zu erfahren. Die gelungene Reform des 13. Jahrhunderts zeigt, dass nicht nur die kirchliche Disziplin gereinigt und die ursprünglichen Ideale klarer herausgearbeitet werden müssen. Nein: die Ideale selbst bedürfen einer neuen Form, einer Synthese mit den Zeichen der Zeit, um für die Gegenwart glaubwürdig zu sein.

Im 15. Jahrhundert beginnt der Mensch deutlicher als je zuvor als Einzelner zu fragen. Die Sorge, ja die Angst um das persönliche Heil gewinnt in der Frömmigkeit einen ungeahnten Stellenwert: eine Angst, die in den Entscheidungen der Kirchenleitung kein angemessenes Echo findet. Im Gegenteil! Eine Predigtpraxis, welche die Höllenangst aktiv einsetzt, erhöht den Druck noch.[23] Die Reform gelingt nicht, es kommt keine neue Synthese zustande. Die Einheit zerbricht, das abendländische Christentum ist für Jahrhunderte gespalten. Die Folgen wiegen schwer. Das römische Amt sieht fortan in der geistlichen Erfahrung des Einzelnen eine Gefahr für die Kirche, der gelungenen Synthese bei Ignatius von Loyola zum Trotz. Und die aufbrechende individuelle Freiheit findet sich in einer gespaltenen Religion wieder und muss sich profan begründen. Individuelle Freiheit und römische Kirche geraten in einen Machtkampf, der bis heute andauert.

Das Christentum des 21. Jahrhunderts

Die Spaltung zwischen Freiheit und Kirche bringt immer neue Probleme hervor. Zahlreiche Frauen akzeptieren eine Kirche nicht, die ausschließlich von Männern geleitet wird. Eine stecken gebliebene Ökumene antwortet nicht auf die Sehnsucht einer Generation, deren Lösungen im Horizont der Globalisierung bestehen müssen. Und wie viel Vertrauen verdient eine Institution, welche die Sexualität anderer reglementieren will, aber ihre eigene nicht in den Griff bekommt? Auch in der demokratischen Wahl von Leitungspersonen, Gewaltenteilung und Transparenz von Behördenentscheidungen haben sich gesellschaftliche Verhältnisse aufgetan, die mit der herkömmlichen Gestalt der Kirche nicht zu verbinden sind. Es bedarf, analog zum städtischen Aufbruch des 13. Jahrhunderts, einer neuen Synthese, um dem Menschen von heute die Chance einer spirituellen Existenz zu geben – und um der Lebendigkeit der Kirche willen.[24]

Eine konservative Reform, eine Klärung und Straffung der Strukturen verspricht wenig Erfolg. Ebenso wenig wie im 13. Jahrhundert kann die Kirche heute die Institution sein wollen, die einfach ihren traditionellen Quellen treu bleiben will. Es genügt nicht, wenn sie das Gute Wort nur ausspricht. Die Tochter des Geistes ist auch selbst, in ihren Strukturen, zum Leuchten berufen. Sie soll durchsichtig sein für den dreifach Gegenwärtigen. Nicht nur die Worte, die Gestalt der Kirche selbst soll Zeugnis geben von der dreifachen Gegenwart des Heiligen und von der betenden Suche nach ihr. Dazu ist die Kirche da – Zeugin der Gegenwart, nicht der Vergangenheit Gottes!

Johannes XXIII. nennt das Konzil ein neues Pfingsten. Paul VI. fordert ein »neues Studium und eine neue Verehrung des Heiligen Geistes … als unerlässliche Ergänzung der Lehre des Konzils«[25]. In der Tat liegt der Schlüssel zum Christentum des 21. Jahrhunderts in einer differenzierten Einführung in die Erfahrung des Geistes, so dass das Christentum als Zeugnis von einer dreifachen Gegenwart in der Erfahrung eines jeden erscheint.

Karl Rahner hat vor einer christologischen Engführung des Christentums gewarnt.[26] 30 Jahre später fordern die Zeichen der Zeit noch energischer eine Alternative zu den theologischen Ansätzen, welche Jesus Christus zum Zentrum der Theologie gemacht und das christliche Bewusstsein des 20. Jahrhunderts weitgehend bestimmt haben. Der ausschließlichen Konzentration auf Jesus Christus gelingt es weder, dem Heiligen Geist und seiner Erfahrung, noch der schöpferischen Freiheit einen befriedigenden Ort zuzuweisen. Eine ausschließlich christozentrische Perspektive tritt nicht in die heutige gesellschaftliche Lage ein, möchte vielmehr ihr gegenübertretend ein unangreifbar objektives Fundament vorweisen. Diese Haltung findet keinen genügenden Zugang zu den Konflikten, die das Lebensgefühl der Christen heute prägen.[27] In einer Welt, die zusammenwachsen will, können die Christen nur überzeugen, wenn sie Dialog und gemeinsame Suche darstellen und dadurch eine elementare Hoffnung aufscheinen lassen.[28]

Zur inneren Notwendigkeit einer neuen Gestalt des Christentums tritt – möglicherweise ein Glücksfall – eine äußere Herausforderung. In ungeahnter Kraft ist heute der Islam in der westlichen Öffentlichkeit gegenwärtig. Nicht erst die Gewalt der Islamisten fordert den Westen heraus. Schon die große Zahl der muslimischen Gläubigen, ihr politisches, kulturelles und spirituelles Gewicht fordert Lösungen, die das Zusammenleben ermöglichen. Viele kulturelle Positionen begründen Muslime religiös – und haben kein Verständnis, wenn westliche Gesprächspartner auf der Ebene des letzten Engagements, der religiösen Hingabe, keine Worte finden. Auf viele Muslime wirkt eine Haltung verächtlich, die keine religiöse Grundlage angeben will oder sie gar nicht kennt.[29] Das Gespräch mit dem Islam kann nur gelingen, wenn der Westen sich selbst und dem muslimischen Gegenüber den religiösen Kern der abendländischen Freiheitstradition verständlich machen kann. Dem entspricht nur ein Christentum, das auf der Höhe der Freiheitswerte der Zeit ist.

Sein wandernd Volk will leiten

Geist und Wort bewegen den Menschen immer schon, längst bevor er dazu kommt, seinen Standpunkt und seine Identität zu bestimmen. Beide Schicksalskräfte richten den Menschen auf Gemeinschaft aus und tragen deren Gestaltung zur Institution. Die Kommunikation zwischen Geist und Wort, durch den sich öffnenden Menschen hindurch, ist Geheimnis und Sinn der Kirche. Freilich befreien sich die Christen nur langsam und mühselig von einem statischen Selbstbewusstsein. Immerhin zeigt sich im Gebetsleben der römisch-katholischen Kirche eine beträchtliche Entwicklung. Ihr folgt das Nachdenken über die gemeinschaftliche Dynamik ins Lobgebet: Zum triumphierenden Selbstbild der römisch-katholischen Kirche des 19. Jahrhunderts (1. Strophe) hat W. Marx nach dem Konzil Strophen hinzugefügt, die eine neue Sprache sprechen.

Ein Haus voll Glorie schauet
Weit über alle Land,
Aus ew'gem Stein erbauet
Von Gottes Meister Hand.
Gott, wir loben dich,
Gott, wir preisen dich.
O lass im Hause dein
Uns all geborgen sein!

Seht Gottes Zelt auf Erden
Verborgen ist er da
In menschlichen Gebärden
Bleibt er den Menschen nah.
Herr, wir danken Dir,
Wir vertrauen Dir;
In Drangsal mach uns frei
Und steh im Kampf uns bei.

Sein wandernd Volk will leiten
Der Herr in dieser Zeit;
Er hält am Ziel der Zeiten
Dort ihm sein Haus bereit.
Gott, wir loben dich,
Gott, wir preisen dich.
O lass im Hause dein
Uns all geborgen sein![30]

Krankheit des kirchlichen Amtes

Wir wollen ja nicht Herren über euren Glauben sein, sondern wir sind Helfer zu eurer Freude; denn im Glauben seid ihr fest verwurzelt. 2Kor 1,24

Wo sich Sehnsucht und Gutes Wort im sich öffnenden Menschen begegnen, da, so zeigte sich, ereignet sich Kirche als Gemeinschaft und Institution. Diese wertvolle Vision steht mit zahlreichen Erfahrungen von Kirche in erheblicher Spannung. Insbesondere das Bild des Christentums in den Medien widerspricht der dialogischen Vision nicht selten unmittelbar. Die Institution Kirche, besonders die römisch-katholische, wird weitherum nicht als Ort einer unendlich wertvollen Kommunikation wahrgenommen, in der sich die tiefsten Gegensätze versöhnen. Vielmehr erfahren und sehen viele nur eine Amtskirche, nur ärgerlichen und sinnlosen Machtkampf. Warum ist das so? Ein sorgfältiger Blick auf das Amt und sein Selbstverständnis macht die Entfremdung der sichtbaren Kirche von ihrem Sinn verständlich. Woher rührt diese eigenartige Entfremdung? Worin besteht ihre Tragik und was könnte sie heilen?

Ein Machtspiel?

Das Amt, so zeigte sich, spielt im Kommunikationsgeschehen Kirche eine unverzichtbare Rolle. Darüber hinaus wird es für die Kommunikation der Christen nach außen immer wichtiger. In der Mediengesellschaft ist das römisch-katholische Amt faktisch das Gesicht des Christentums geworden. Zwar hat es seine unmittelbare Macht weitgehend verloren. Doch die Medienbilder zeigen die Christen ganz überwiegend als römische Kirche. Der Papst wird stärker wahrgenommen als alle anderen kirchlichen Vertreter zusammen. Die katholischen Ortskirchen haben ebenso wie die evangelischen Kirchen nichts, was sie den Bildern aus Rom entgegensetzen könnten. Wenn ein Mensch nicht über differenzierte Erfahrungen mit Kirche verfügt, ist das Gesicht, welches das Amt in den Medien zeigt, das Antlitz des Christentums.

Als George W. Bush beanspruchte, er führe den Zweiten Golfkrieg im Namen Gottes, widersprachen ihm die Verantwortlichen seiner presbyterianischen Kirche. Doch in Erinnerung blieb der Einspruch Johannes Pauls II.: Im Angesicht des alten Papstes wirkte der mächtigste Mann der Welt, für jedermann sichtbar, wie ein getadelter Schulbub. Es ist sehr nützlich, dass bevollmächtigte Repräsentanten das Christentum vor politischer, nationaler oder wirtschaftlicher Vereinnahmung schützen. Und in vielen Fragen des Zusammenlebens in einer pluralistischen Gesellschaft sind Entscheidungen einer legitimen Leitung unabdingbar, um zu Lösungen zu kommen.[31] Dennoch nimmt die öffentliche Meinung das Amt heute nicht als sinnvolle Einrichtung wahr. Vielmehr erscheint die römisch-katholische Kirche[32] als Amtskirche, Männerhierarchie und Institution der Macht. Das Misstrauen ihr gegenüber ist mit Händen zu greifen. Noch die absurdesten Verschwörungstheorien finden Gehör, ja reißenden Absatz, wenn sie nur den Vatikan verdächtigen.

In der Tat bietet die römisch-katholische Kirche einem Menschen, der mit den Werten dieser Zeit in Verbindung steht, derzeit ein klägliches Bild. Der Umgang mit Konflikten – sie sind der Ernstfall des Dialogs – spielt dabei die zentrale Rolle. Die römische Zentrale setzt Bischöfe ein, ohne die Ortskirche zu fragen. Die Meinung der Gläubigen hat dabei keinerlei Gewicht; nur in wenigen Diözesen dürfen wenige Priester ein wenig mitbestimmen. Rom wählt Bischöfe nicht danach aus, ob sie die Spiritualität der Ortskirche glaubwürdig hören, sammeln und darstellen können. Die Treue zu oder auch nur die Bequemlichkeit für Rom erhält mehr Gewicht. In der Regel werden Priester vom rechten oder äußersten rechten Rand des Spektrums ernannt. Sie machen eher Karriere, wenn sie sich den Oberen gegenüber stromlinienförmig verhalten, als wenn sie auf dem sorgfältigen Hören und Austragen gegebener Konflikte bestehen. Das System fördert Karrierismus mehr als vorwärts weisende Lösungen.[33] In weiten Teilen hat sich ein Knechtsgeist breit gemacht, der den Oberen die Konflikte erspart, die für die Ortskirche von vitaler Bedeutung sind. Die Politik der Bischofsernennungen unter Johannes Paul II. und Benedikt XVI. hat die römisch-katholische Kirche des Westens und Lateinamerikas in Jahrzehnte innerer Spaltung, in Stagnation und gesellschaftlichen Rückzug geführt.

Wie noch nie in der Kirchengeschichte ist das Bischofs- und Kardinalskollegium ein Getto geworden, das wesentliche Glaubensauffassungen der Ortskirchen gar nicht repräsentieren will. In der Folge finden sich wesentliche Kräfte in Entscheidungen nicht wieder, ja werden in ihrer Würde verletzt. Die ohne Zustimmung, ja sogar gegen den erklärten Willen der Ortskirche eingesetzten Leiter müssen ihrerseits ihr Dasein rechtfertigen, so dass ein Gegeneinander das öffentliche Bild ganzer Ortskirchen prägt.

Die Seelsorge wird in den deutschen Diözesen nicht nach den Bedürfnissen der Menschen zugeschnitten, sondern nach der Zahl der noch einsatzfähigen unverheirateten männlichen Priester. Gut ausgebildeten Theologinnen wird die seelsorgliche Verantwortung auch dann nicht anvertraut, wenn kein Priester mehr vor Ort sein kann. Darüber reden die Bischöfe nicht mit den betroffenen Christen. Es wäre auch hart, ihnen ins Gesicht zu sagen, dass es besser gar keine Sakramente und Seelsorge vor Ort gebe, als dass eine Frau oder ein Verheirateter sie spendete und ausübte. Da scheint es einfacher, die »Seelsorgeeinheiten« auf dem Verwaltungsweg durchzusetzen und im Übrigen so zu tun, als gebe es keine Alternative.[34]

Ein Pfarrer bedarf nicht der Wahl durch den Pfarrgemeinderat, sondern wird oft ohne Rücksprache von der Zentrale geschickt. Es ist ausdrücklich Ziel Roms, dass der Priester und nicht ein Laie dem Pfarrgemeinderat vorsitzt.[35] Und dergleichen mehr. Die Liste braucht man nicht zu verlängern; die Leserin kennt sie und ist ihrer überdrüssig. Tatsächlich fallen in der römisch-katholischen Kirche heute keine wesentlichen Entscheidungen ohne amtstheologische Rücksicht. Dieser Zustand lässt sich von außen leichter als Machtspiel durchschauen, als es der kirchlichen Innenperspektive scheinen mag.[36] Dem Zeitgenossen tritt ein Gerangel um Macht und Geltung vor Augen, das er aus anderen Lebensbereichen kennt. Die Kultur des Konflikts freilich gelingt anderswo überzeugender. Ein Amt, das sich als Dienst verstehen will und den eigenen Bestand derart in den Mittelpunkt stellt, macht sich unglaubwürdig.[37] Eine eigenartige Mode macht, erstaunlich unbefangen, die Lage sinnenfällig. Neuerdings erheben sich in etlichen deutschen Kathedralen raumgreifende Bischofsthrone – gegen die Tradition nicht am Rand des Chors, sondern hinter dem Altar, den Gläubigen mitten im Blickfeld: Wo der Geist Raum finden sollte, macht sich das Amt breit.

Eine gespaltene Identität

Lassen sich die Missstände darauf zurückführen, dass das Verhältnis von Geist und Amt nicht genügend geklärt ist? Das Konzil hat 1964 in der Dogmatischen Konstitution Lumen gentium die Identität der Kirche und in ihr des Amtes dargelegt. In der Tat zeigt sie eine spannungsvolle, ja widersprüchliche Struktur.

Grundsätzlich zeichnet das Konzil die Kirche als partnerschaftliches Miteinander von Laien und Amtsträgern. Sie sei eine gemeinsame Sendung, der nur eine partnerschaftliche Zusammenarbeit aller entsprechen könne. Die Sendung der Laien sei »Teilhabe an der heilbringenden Sendung der Kirche selbst«; die Bischöfe wüssten gut, wieviel die Laien zum Wohl der ganzen Kirche beitragen. Die Hirten seien nicht eingesetzt, um die Sendung der Kirche gegenüber der Welt allein auf sich zu nehmen. Vielmehr sei »ihre vornehmliche Aufgabe, die Gläubigen so zu weiden und ihre Dienste und Gnadengaben so zu prüfen, dass alle in ihrer Weise zum gemeinsamen Werk einmütig zusammenwirken«[38]. Ziel der Bischöfe solle sein, den Geist nicht auszulöschen; sie sollten den Gläubigen dienen.[39] Die Bischöfe sollten »die Würde und Verantwortung der Laien in der Kirche anerkennen und fördern; sie sollen sich bereitwillig deren klugen Rat zunutze machen, ihnen mit Vertrauen Aufgaben zum Dienst an der Kirche übertragen und ihnen Freiheit und Raum im Handeln lassen, ja, ihnen Mut machen, auch von sich aus Werke in Angriff zu nehmen. Mit väterlicher Liebe sollen sie Vorhaben, Wünsche und Anliegen, die von den Laien vorgelegt werden, aufmerksam in Christus erwägen. Die gerechte Freiheit aber, die allen im irdischen Gemeinwesen zusteht, sollen die Hirten sorgfältig anerkennen. Aus diesem vertrauten Umgang zwischen Laien und Hirten darf man viel Nutzen für die Kirche erwarten: Denn so werden in den Laien der Sinn für eigene Verantwortung gestärkt, der Eifer gefördert und die Kräfte der Laien leichter dem Wirken der Hirten zugesellt. Diese aber vermögen, durch die Erfahrung der Laien unterstützt, sowohl in geistlichen als auch in zeitlichen Angelegenheiten genauer und angemessener zu urteilen, so dass die ganze Kirche, von allen ihren Gliedern gestärkt, ihre Sendung für das Leben der Welt wirksamer erfüllt.«[40]

Was genau hält dieses Miteinander zusammen? Einerseits bringe der Geist die Einheit der Kirche je neu hervor.[41] Andererseits seien die Bischöfe sichtbares Fundament der Einheit in ihren Teilkirchen.[42] Einheit im Geist und Einheit durch den Bischof stehen unvermittelt nebeneinander. Dass der Geist in jedem Einzelnen erfahrbar da ist, anerkennt das Konzil im Grundsatz[43], ohne die Erfahrung weiter zu entfalten und ihren Eigenstand für die gemeinsame Suche nach Lösungen fruchtbar zu machen. Wie der Geist die Kirche eint, bleibt blass. Dass er in Spannung zu Maßnahmen des Amtes treten kann, wird kaum angedeutet. In der innerkirchlichen Kommunikation scheint der Geist eher passiv zu wirken, als die Kraft, welche die Frohe Botschaft annehmen[44] und sie – erst jetzt aktiv – in die Welt hinaus bezeugen lässt.[45] Der Geist tritt weit klarer als Legitimation des Amtes auf denn als dessen Gegenüber und Grenze. Er zeige sich als Kraft, die den Bischöfen in der Weihe gegeben werde, so dass sie ihre Sendung ausfüllen könnten.[46] Im Blick auf die Erfahrung des Einzelnen ist die Lehre vom Heiligen Geist zu wenig entfaltet, um dem biblischen Zeugnis von der Gegenwart des

Geistes gerecht zu werden und die ihr in der partnerschaftlichen Vision zugedachte Rolle auszufüllen. Das Konzil übersetzt seine partnerschaftliche Vision nicht in konkrete Formen von Kommunikation und Mitwirkung, so dass sie unfertig wirkt.

Eine kritische Verantwortung der Laien deutet das Konzil nur an. Die Laien hätten entsprechend ihrem »Wissen, der Kompetenz und der hervorragenden Stellung … die Möglichkeit, ja manchmal sogar auch die Pflicht, ihre Meinung über das, was das Wohl der Kirche angeht, kundzutun«[47]. Doch nicht in öffentlicher Auseinandersetzung, sondern als persönlicher Rat an den Bischof, der die Anliegen aufmerksam in Christus erwägen solle. Diese paternalistische Vorstellung ist noch kein dialogisches Verhältnis zwischen Amt und Gemeinschaft, zwischen Wort und Geist. Die Stichworte Dialog, Konflikt, Auseinandersetzung, Kritik und kritisch fallen in der ganzen Konstitution nicht.

Der unscharfe Blick auf die Regeln der Kommunikation unterlässt die Kritik autoritärer und kleruszentrierter Haltungen, so dass die faktischen Machtverhältnisse nicht angetastet werden. Konkret erscheint die Einheit der Kirche als Gehorsam der Laien gegenüber dem Klerus. Er wird ganz ungebrochen auf den Gehorsam Jesu gegenüber dem Vater zurückgeführt. Die Laien sollen »das, was die geweihten Hirten, die nämlich Christus repräsentieren, als Lehrer und Leiter in der Kirche festsetzen, in christlichem Gehorsam bereitwillig annehmen, indem sie dem Beispiel Christi nachfolgen, der durch seinen Gehorsam bis zum Tod den seligen Weg der Freiheit der Kinder Gottes für alle Menschen eröffnet hat«.[48] Aber Einheit durch Gehorsam kann auch eine Armee oder Verwaltung erreichen. Für diese Art von Einheit braucht es keinen Bezug auf den Geist.

Die Kirchenkonstitution lässt eine unklare Identität erkennen. In der Frage, was die Einheit der Kirche bewirkt, gibt Lumen gentium eine gespaltene Antwort. Tatsächlich steht in der Wirkungsgeschichte des Konzils eine tief reichende Öffnung dem Rückzug auf paternalistische, ja autoritäre Lösungen gegenüber. In der Rezeptionsgeschichte zeigt sich ein Amt, das seinen Anspruch so heftig verteidigt, dass es das Ganze aus den Augen verliert und beschädigt. Diese Haltung ist derart wirksam geworden, dass heute im medial vermittelten Außenbild der Kirche die ursprüngliche Öffnung des Konzils kaum mehr leuchtet.

Die doppelte Identität lässt sich an vielen römischen Maßnahmen der letzten Jahre ablesen. Besonders klar zeigt sie sich an der Karfreitagsfürbitte für die Juden, die 2008 für die wieder zugelassene vorkonziliare Liturgie einen neuen Text erhielt. Da das Christentum sich aus dem Judentum entwickelt hat, ist seine Identität im Verhältnis zum Judentum immer unmittelbar im Spiel. Lateinisch wird nun wieder für die Bekehrung der Juden gebetet, während in den Landessprachen Gott weiterhin gebeten wird, er möge die Juden in der Treue zum ursprünglichen Bund bewahren, damit sie das Ziel erreichten, zu dem sein Ratschluss sie führen wolle. Die neue lateinische Liturgie kehrt nicht nur in die vorkonziliare Sprache, sondern auch in ihre Haltung zurück. Zugleich bleibt, wie nach außen hin, eine zeitgemäßere Haltung bestehen. Angesichts der Schwierigkeiten in der pluralistischen Gesellschaft entwickelt Rom die Neigung, in Teilvollzügen in eine vergangene Form zurückzukehren und bereits erreichte Entwicklungsschritte wieder aufzugeben.[49] Therapeutisch heißt dieses Verhalten Regression.

Der Amtseid der Bischöfe

Wie in einem Brennglas zeigt der Amtseid der Diözesanbischöfe die Not der Kirchenleitung, die Einheit der Kirche – für die sie verantwortlich ist – mit der Freiheit des Einzelnen zu vermitteln. Gehorsamseide[50] für die Bischöfe sind seit dem 6. Jahrhundert nachweisbar; sie waren aber nur einzelnen Bischöfen auferlegt. Erst im Zug der Gegenreformation wird der Eid 1596 für alle Bischöfe verpflichtend.[51] Als gesamtkirchliche Rechtsfigur ist er eine Maßnahme gegen die Identitätsnot der Reformationszeit.

Eide sind unter Christen mehr als fragwürdig angesichts Jak 5,12 und Mt 5,34ff: »*Ich aber sage euch: Schwört überhaupt nicht … Euer Ja sei ein Ja, euer Nein ein Nein; alles andere stammt vom Bösen.*« Eide stammen vom Bösen, etwa von einer Haltung des Misstrauens, weil man »das völlige Vertrauen in das Ja eines Menschen nicht aufbringt. Jedenfalls bleibt nach diesem Wort der Eid ein Zeichen, dass man – was vor allem für den gilt, der den Eid verlangt – eben vom Bösen nicht loskommt … Der Eid ist ein Relikt heidnisch-magischer Religiosität und kein Zeichen wahrhaft christlichen Vertrauens und Glaubens, das den Eid gar nicht braucht und sich mit dem einfachen Ja und Nein zufrieden geben kann.«[52]

Der Eid, den Rom neu ernannten Diözesanbischöfen seit 1987 abverlangt, gibt Auskunft darüber, wie Rom heute das Bischofsamt interpretiert.[53] Fünfmal kommt die Eidesformel auf die Treue und Gehorsam gegenüber dem Papst zurück. Die Spiritualität der Ortskirche, die Solidarität mit ihren Anliegen und ihre Vertretung gegenüber der Weltkirche kommen nicht vor. Der Heilige Geist wird nicht erwähnt, ein Dialog mit den Gläubigen und der Gesellschaft ist bestenfalls angedeutet. Da leuchtet nichts. Der Eid drückt auch nicht aus, dass die bischöfliche Autorität gegenüber dem Papst eine Eigenständigkeit hat, weil sie göttlichen Rechtes ist; dass der Bischof also auch die Integrität einer ursprünglichen Sendung zu bewahren hat. – Das Konzil stellt sich den Bischof anders vor. Er soll seine Ortskirche darstellen, und ausdrücklich nicht *vicarius papae*, Stellvertreter des Papstes sein, sondern in ursprünglicher eigener Vollmacht leiten.[54] Der Eid bleibt nochmals deutlich hinter der zweideutigen Identität der Kirchenkonstitution zurück.

Stark gesicherte Mauern setzen der Freiheit von außen Grenzen. Der Eid auf Gehorsam und Treue bindet den Einzelnen fest an die Institution. Diese Strategie ist logisch mit dem Getto am Rand der Gesellschaft verbunden. Denn ein derart undialogischer Gehorsam tritt nicht in eine Zeit ein, welche Einheit nur als Kommunikation zwischen freien und sich nach Einheit sehnenden Subjekten erfahren kann.[55] Und für das Glaubensbekenntnis ist die Einheit der Kirche je neu freie Gabe des Geistes. Christen hoffen, die Freiheit von innen her, in ihrer wunderbaren Fähigkeit des Vertrauens, der Hoffnung und der Liebe zu berühren und zu binden. Die Kirche kann nur leuchten, wenn sie das Freiheitsniveau dieser Zeit in sich aufnimmt und von innen durchdringt. Es ist nicht möglich, das Christentum derart objektiv zu denken, ohne es als kommunikatives Ereignis zu beschädigen. Das Selbstverständnis der römisch-katholischen Kirche findet sich in einem tief reichenden Widerspruch zu sich selbst gefangen. Die Maßnahmen der römischen Führung zeigen keine Strategie, den Gegensatz zu mildern, im Gegenteil, in den letzten Jahrzehnten hat sich Rom immer tiefer verstrickt. Indem diese Amtstheologie den Raum für den Geist unziemlich verengt, büßt die sichtbare Institution den Kontakt mit dem Geist in den Herzen der Vielen ein. Deshalb verliert die Kirche ihre Lebendigkeit und Ausstrahlung, ja ihren Sinn.

Aus diesen Prioritäten spricht keine große Klugheit. Die Geschichte lehrt ja, dass sich einmal vergangene Verhältnisse nicht auf Dauer wiederherstellen lassen. Das Rad der Geschichte lässt sich von niemand zurückdrehen. Schon gar nicht kann diese Linie als zeitgemäße Kommunikationsstrategie überzeugen. Warum wird sie dennoch verfolgt? Der Wunsch, einen Anspruch auszudrücken und darin bei den anderen Anerkennung zu finden, führt hier das Szepter, genauer: ein gekränkter Wunsch. Im äußeren Bild spricht ein verhärteter innerer Zustand. Das Amt zeigt sich als entzündetes und schmerzendes Organ, ein Übermaß an Raum einnehmend.[56] Was fehlt ihm? Die Krankengeschichte lehrt verstehen, welche Kräfte wirksam sind.

Geschichte einer Kränkung

Das Christentum wurde in eine Welt geboren, die hierarchisch – als »heilige Herrschaft« – aufgebaut war. Es übernahm binnen weniger Jahrzehnte diese Struktur. Waren die Ämter bei Paulus Teil der vielen Charismen, verstand man sie schon an der Wende zum zweiten Jahrhundert »als eigene, geradezu seinsmäßig von ihnen abgesetzte, mehr noch: ihnen gegenüberstehende, noch exakter: übergeordnete Bestandteile der kirchlichen Verfassung. Daraus bildete sich eine Kirchenvorstellung, die grafisch als Pyramide darstellbar ist«[57] – oben die Amtsträger, unten alle anderen. Im Neuen Testament – es spricht nicht ein einziges Mal von Hierarchie – hat diese Vorstellung wenig Halt. Sie erklärt sich als Anpassung an zeitgemäße Strukturen.

Im Untergang des römischen Reichs fielen den Päpsten nicht nur staatliche Aufgaben zu, sondern auch die einzigartige Tradition einer Stadt, die seit über 600 Jahren Zentrum der zivilisierten Welt war. In vielerlei Hinsicht identifizierte sich die römische Kirche mit den Traditionen des Kaiserreichs, im Recht, im Baustil, in der liturgischen Kleidung.[58]

Im 11. Jahrhundert fuhr auf dem Trittbrett des Kampfes für die Freiheit der Kirche ein zweites Anliegen mit. Die Mönche von Cluny arbeiteten nicht, sondern verbrachten den ganzen Tag im Gebet. Andere, niedrigere Mönche verrichteten die Handarbeit. Das Ideal: der Mönch sollte das Ewige Leben vorwegnehmen, soweit irgend möglich. Umso weniger sollte er sich an das Weltliche binden. Der Mönch sollte etwas Höheres, etwas Besseres sein als der gewöhnliche Gläubige. Und alle Priester sollten sein wie diese Mönche! Es war ein Cluniazenserpapst, Gregor VII., der 1074 alle Priester zur Ehelosigkeit verpflichtete. Hier wurde der geistliche Beruf höher geschätzt als die Arbeit für die Welt. Der Kleriker schien Gott näher als jene, die in Welt und Familie ihre Pflicht tun. Ein übergroßer Idealismus führte zu klerikalem Dünkel.

Vier Jahrhunderte später: Nördlich der Alpen nahm die Frömmigkeit des Volkes einen ängstlichen Ton an. Die Angst vor der Hölle war allgegenwärtig und damit auch allerlei Strategien, ihr zu entgehen. Zusätzliche Frömmigkeitsübungen entlasteten das Gewissen, leider nur für kurze Zeit. In Italien dagegen war die Renaissance aufgebrochen wie ein Frühling. Das kulturelle Leben an den Fürstenhöfen pulsierte. Ihr Glanz faszinierte auch die geistlichen Herren. War denn der Papst nicht auch ein Fürst?

Waren ihm nicht, nach der Lehre Bonifaz VIII. und vieler seiner Nachfolger, die weltlichen Herren zum Gehorsam verpflichtet? Durfte es dann sein, dass der Glanz seines Hofes demjenigen anderer Fürsten nachstand? Rom wollte dabei sein. Es wurde gebaut, viel, groß und teuer. Namentlich der Petersdom, gestaltet von den besten Künstlern, verschlang ungeheure Mittel.

Die Versuchung war zu groß: Es wurde ein Geschäft daraus. Rom sandte Gerichtsprediger nach Norden. Sie drohten mit der Hölle und boten Ablassbriefe an. Gegen klingende Münze versprachen sie, künftige Qualen zu verkürzen. Zunächst ging die Rechnung auf; die Mittel sprudelten, der Dom wuchs dem Himmel entgegen.[59] Doch die Angst wird mächtiger, wenn ein Mensch sich ihr zum Sklaven macht. Wird ihr geopfert, beruhigt sie sich, für kurze Zeit, um sich alsbald umso lauter zu erheben. Besiegen kann sie nur, wer den Mut findet, ihr ins Angesicht zu widerstehen. Der Ablasshandel ließ die Angst immer mehr Macht gewinnen. Bis einer, in namenloser Verzweiflung, in der Schrift die Antwort fand. Dass nämlich der Mensch nicht durch sein Tun, sondern nur durch die Gnade Gottes gerettet werde. Dass Rettung sich nicht verdienen lasse, sondern nur Geschenk sein könne. Was er persönlich durchlitten hatte, machte Martin Luther für die Vielen fruchtbar. Wie groß die Not war, zeigt das Tempo, in dem die große Mehrzahl der deutschen Stände sich binnen weniger Jahre der Reform anschloss. Luther traf den Ton.

Damit hatten die Herren in Rom nicht gerechnet. Gab es nicht schon genug Probleme? Der deutsche Kaiser Karl V. beherrschte Spanien und Kolonien in der ganzen Welt: Das Papsttum sah seine politische Freiheit bedroht. Und von Osten drängten die Türken nach Europa! Es gab Wichtigeres als einem aufsässigen Mönch zuzuhören.[60] Man versuchte es mit Gesprächen, man drohte – doch es war eine neue Zeit. Es gelang nicht, sich Luthers wie Hus' und Savonarolas[61] auf dem Scheiterhaufen zu entledigen. Die Spaltung wurde Realität. Es verging eine ganze Generation, bis Rom sich bereit fand, die aufgebrochenen Fragen zu bearbeiten. Das fällige Konzil trat 1545 in Trient zusammen – ohne die neugläubigen Stände. Es war zu spät.

Dem Trauma der abendländischen Kirchenspaltung gelang, was dem Leiden des Volkes und der biblischen Theologie Luthers nicht vergönnt war: Es traf das Amt ins Mark. Nun veränderte sich die römische Kirche. Die Richtung freilich war nicht nur zu ihrem Vorteil. Zwar konnte das Konzil wichtige Fragen klären und Reformen in Gang bringen, ja das Überleben sichern. Es bot eine Plattform; die Gegenreformation gewann in ganz Europa Terrain zurück. Die jetzt nur noch römisch-katholische Kirche hatte Selbstbewusstsein und Handlungsfähigkeit wieder gewonnen. Doch der Preis war gewaltig. Der Ton der Selbstbehauptung, des Kampfes, des Nein zum Anderen verband sich mit einem selbstgefälligen und triumphalistischen Blick auf sich selbst. Dass der barocke Glanz in die Welt trat, um vor Selbstzweifeln zu schützen, spürte man nicht. Ein von sich selbst eingenommenes Rechthaben und Verurteilen sollte für Jahrhunderte den Tonfall bestimmen. Das Amt verkrampfte sich im Zwang, sich immer wieder zu legitimieren. Es interpretierte das Neue regelmäßig als Bedrohung, ohne sich ernstlich um dessen Motive zu bemühen.[62]

Die Werte der Aufklärung und der Französischen Revolution fanden kaum Verständnis. Im 19. Jahrhundert verurteilte die katholische Kirche aus überlegener Warte nahezu alle Ideen, die sie nicht selbst erfunden hatte, darunter Liberalismus, Sozialismus und Kommunismus. Auch der viel versprechende Aufbruch eines katholischen Liberalismus wurde schnell verdammt. Am Lebenswillen freilich fehlte es nicht! Noch während sie gegen die neuen Freiheiten kämpfte, beanspruchte die Kirche jene Freiheiten entschieden für sich: Versammlungs-, Vereins- und Pressefreiheit wurden zur Grundlage eines katholischen Milieus. »Die Überbewertung von Kirchenrecht und Klerus, auch Sicherheitsreflexe infolge der Kirchenspaltung, später gegenüber dem Rationalismus und den revolutionären Strömungen des 19. Jahrhunderts haben die katholische Kirche zu einer Haltung des Misstrauens und der Unterdrückung gegenüber der Initiative des Einzelnen geführt. Mit oft furchtbarer Effizienz wurde die Initiative des Einzelnen durch die Orientierung am

Objektiven und die Regeln der Institution begrenzt, mitunter beinahe ausgelöscht.«[63]

Die gespaltene Haltung, welche die aufbrechenden Freiheitsräume prinzipiell ablehnt und sie zugleich entschieden nutzt, setzte Johannes Paul II. (1978–2005) fort. Wie kein Papst zuvor bediente er sich der freien Medien, um zugleich den Verfall eindeutiger Werte zu beklagen, der mit dem Pluralismus der Medien verbunden ist. Als Medienstar redete er den Mächtigen der Welt ins Gewissen, wenn sie Menschenrechte verletzten; zugleich kamen diese Rechte innerkirchlich keinen Schritt voran – etwa was die Teilhabe der Gläubigen an Entscheidungen, Frauenrechte, Transparenz und Gewaltenteilung im Prozesswesen anging. Johannes Paul II. gelang unter bemerkenswertem Einsatz die Mediatisierung des Amtes. Doch sie ist nicht dasselbe wie eine Gestalt der Frohen Botschaft, die in der Medienwelt verstanden wird. Hier lag möglicherweise eine Verwechslung vor.[64]

Der Selbstschutz nach einer Kränkung macht verständlich, warum sich das Amt in scharfem Gegensatz zur Geistbegabung der Glaubenden begründet. Es ist ein sympathischer, eben menschlicher Zug des kirchlichen Amtes, dass es sich so verletzbar zeigt. Gleichwohl bleibt jener Selbstschutz eine narzisstische Konfliktverarbeitung, die sich um der Erfahrung voller Lebendigkeit willen öffnen soll.[65] Im Interesse des Patienten und aller, die mit ihm leben.

Durchsichtig für die dreifache Gegenwart oder für das Amt?

Leuchtet dem Menschen von heute aus dem Amt das gute Wort, in einer Sprache, die seine Erfahrung trifft? Daran haben sich die konkrete Gestalt des Amtes und sein Selbstverständnis zu messen. Es zeigt sich, dass weit reichende Reformen überfällig sind. Die westlichen Gesellschaften setzen individuelle Freiheit und Verantwortung auf zuvor unbekannte Weise frei. Heute muss der Glaube an den Heiligen Geist differenziertere Formen hervorbringen als in einer feudalen Lebensordnung. Indem die

Formen des Glaubens sich weiter entwickeln, indem sie Mitwirkung und Verantwortung erweitern, bieten sie den neuen Freiheitsräumen einen Sinnhorizont. Und umgekehrt: Wenn das Amt angemessene Freiheitsräume verschlossen hält, beschädigt es die Hoffnung, es sei auch in dieser Zeit möglich zu glauben und das in Gemeinschaft zu tun.

Die Reformwünsche der Ortskirchen, der Christinnen und Christen sind ein Ort, an dem sich die Gegenwart Gottes in den Herzen zeigt, ein *locus theologicus*. Das Ringen um Reformen ist ein Ringen darum, wie die dreifache Gotteserfahrung heute zu einer glaubwürdigen Gestalt finden kann. Die ungelösten Konflikte verdunkeln nicht nachträglich eine Frohe Botschaft, welche die Kirche im Kern recht und treu verkündete. Nein, sie verdunkeln die Frohe Botschaft selbst, dass nämlich Gott im konkreten Hier und Jetzt, gerade im Dornbusch, im Unangenehmen und Konfliktträchtigen, gegenwärtig ist. Will die katholische Kirche mit aller Kraft und mit allem Einsatz Zeugin des dreifach Gegenwärtigen sein? Oder setzt sie faktisch andere Prioritäten? Die Kirche ist gesandt zu dieser Generation, die mehr als manche vor ihr von der Suche nach einer tragfähigen Spiritualität umgetrieben wird. Die Kirche kann ihre Sendung einlösen, indem sie sich auf allen Ebenen Strukturen des Dialoges gibt: Strukturen, in denen Christen aufeinander hören und voneinander lernen; Strukturen, die zu gemeinsam verantworteten, mutigen Entscheidungen führen.

Das Ideal der Kirche von sich selbst ist zu tief gehängt, wenn das Bewahren und Funktionieren der eigenen Organisation die Entscheidungen lenkt. Die Kirche hat eine Sendung, nämlich als Zeugnis der dreifachen Gegenwart zu leuchten. Sie hat nicht nur vom Heil zu sprechen. Ebenso wichtig ist, dass ihre menschliche Gestalt selbst Zeugnis gibt[66]. Die Kirche denkt zu klein von sich, wenn ihr Maß nicht die Heiligkeit ist, die in den Herzen der Gläubigen lebt. Diese Heiligkeit sichtbar und erfahrbar darzustellen, ist Aufgabe der Kirche. Amtsträger wie Johannes XXIII., Helder Camara, Oscar Romero, Julius Döpfner oder Mutter Theresa zeigen, dass und wie ein solches Durchsichtigwerden auch in der Mediengesellschaft möglich ist. Die römisch-katholische Kirche steht heute vor der Frage, ob sie den Glauben an den dreifach gegenwärtigen Gott darstellen will oder sich selbst. Eine Kirche, die im Dornbusch ihrer Konflikte Gott sucht, wird nach einiger Zeit aus der gesellschaftlichen Defensive herausfinden. Wenn sie die dreifache Gegenwart des Unsagbaren inmitten des Vielfältigen und Konfliktreichen in den Mittelpunkt ihres Entscheidens stellt, und wenn sie den Mut zu dialogischen Entscheidungsstrukturen findet: dann wird die Kirche neu zu leuchten beginnen als Bild jener dreifachen Gegenwart, die in der geistlichen Armut des suchenden Menschen von heute verborgen gegenwärtig ist.

Amtsträgerinnen

Ein schwer wiegender Missstand ist die Stellung der Frau in der römisch-katholischen Kirche. Vom Amt und damit von der Leitungsverantwortung findet sie sich grundsätzlich und ausnahmslos ausgeschlossen, mit dem Argument, Jesus sei schließlich ein Mann gewesen und das Amt habe Jesus zu repräsentieren. Wie schwach dieses Argument ist, wurde oben gezeigt (vgl. S. 92f). Viel wichtiger ist: Die Christen eint eine ursprüngliche Erfahrung, Geschwister zu sein, über alle Grenzen hinweg. »*Es gibt nicht mehr Juden und Griechen, nicht Sklaven und Freie, nicht Mann und Frau: denn ihr seid alle eins in Jesus Christus*« (Gal 3,28). Deshalb können Christen nur an die Mensch-, nicht die Mannwerdung Gottes glauben. In ähnlicher Haltung bringt diese Zeit Gründe dagegen vor, Frauen bestimmte Eigenschaften als weiblich, Männern andere als männlich zuzuordnen. Das Verfahren tendiere zu unpassender Vergegenständlichung, die Grenzen seien fließend. Dieser Auffassung folgend lässt sich der Ausschluss der Frau vom Amt nicht begründen.[67]

Wenn man umgekehrt von einem wesentlichen Unterschied der Geschlechter ausgeht, kommt man zum gleichen Ergebnis. Denn das Wort Gottes zeigt eine doppelte Botschaft. Die erste und ursprünglichste Botschaft ist das mütterliche Wort des Segens (Gen 12) und des Trostes. Und am Jesajawort kommt man nicht vorbei: »Ich will Dich trösten, wie einen seine Mutter tröstet« (66,13). Die Christen brauchen Priesterinnen, um jenen bedingungslosen Trost so leibhaft und gefühlvoll darzustellen, wie die Bibel ihn meint. *»Gott bin ich, nicht ein Mann«*[68]! Fragt man also die Bibel, welches Geschlecht das Wort am besten repräsentiert, kann die Antwort nur lauten: *»Gott schuf den Menschen als sein Ebenbild, als Mann und Frau schuf er sie«* (Gen 1,28). Indem Rom keine Amtsträgerinnen akzeptiert, verdeckt es den Reichtum der göttlichen Gegenwart.

Freilich kennen auch die orthodoxen Kirchen keine Amtsträgerinnen; in der anglikanischen Kirche provozierte die Zulassung von Frauen eine ernste Krise. Das Thema reicht so tief, dass die Erwartung kühn wäre, es binnen einer Generation in Ordnung zu bringen. Als erster Schritt ist die Zulassung von Frauen zum Diakonat gut vorbereitet, und sei es nur in den westlichen Ortskirchen.

Ökumene und Herrenmahl

Ein zweites Reformanliegen verlangt ausdrückliche Erwähnung: die ökumenische Mahlgemeinschaft. »Mehr als frühere Generationen empfinden wir heute die Spaltung der Kirche Christi als Widerspruch gegen das Vermächtnis des Herrn. Dieses Ärgernis wird besonders schmerzlich bewusst bei der Trennung im Abendmahl.« Tatsächlich ist in den Gemeinden die Trennung im Herrenmahl der eigentliche ökumenische Stachel.[69] Ausdrücklich anerkennt das Konzil, dass Spaltungen die Kirche beschädigen: »Eine solche Trennung widerspricht aber ganz offenbar dem Willen Christi, ist ein Ärgernis für die Welt und fügt der heiligsten Sache, der ganzen Schöpfung das Evangelium zu verkünden, Schaden zu«.[70]

Die Lage ist nicht mit einem Blick zu überschauen. Schon die Begriffe verwirren. Das Ritual, das Jesus am Abend vor seinem

Tod einsetzte, nennen die evangelischen Christen Abendmahl, Katholiken und Orthodoxe sprechen von Eucharistie. Als Brücke bietet sich, einem lutherisch-katholischen Konsenspapier folgend, der Begriff Herrenmahl an. Viele evangelischen Kirchen anerkennen das Herrenmahl gegenseitig: Lutheraner können ohne Schwierigkeiten am reformierten Abendmahl teilnehmen und umgekehrt. Die meisten evangelischen Christen laden Katholiken zur Feier des Abendmahls ein.[71] Umgekehrt anerkennt die römisch-katholische Kirche das Abendmahl der reformatorischen Kirchen nicht. Denn diese »kirchlichen Gemeinschaften« hätten das Weihesakrament nicht oder nicht vollständig bewahrt. Daher bestehe kein gültiges Amt, es sei also die volle Wirklichkeit der Eucharistie nicht gegeben.[72] Nur aus der vollen Kirchengemeinschaft ergebe sich die Kommuniongemeinschaft. Deshalb dürfen Katholiken nicht an ihrem Abendmahl teilnehmen. Immerhin können evangelische Christen im Einzelfall, in seelsorglicher Notlage, zur Eucharistie zugelassen werden.[73]

Ach, es ist eine Gewissensnot! Angenommen, ein Katholik käme nach zumutbarer Auseinandersetzung mit dem Herrenmahl und seiner Geschichte zum Ergebnis, Kirchenleitung und Kirchenrecht schöpften nicht alle Möglichkeiten auf dem Weg zur sichtbaren Einheit aus. Sie blieben befangen im Machtkampf zwischen Amt und Gewissen, befangen auch in Schuld, deutlich über das Maß hinaus, das Pius XI. den Orthodoxen[74] und das Konzil in allgemeiner Form den Protestanten[75] zugestanden haben. Dieser Katholik könne sich sogar dem Eindruck nicht entziehen, die Kirchenleitung nutze seine Loyalität eher zur Durchsetzung ihrer Macht als zum leidenschaftlichen Einsatz für die Einheit der Christen. Angenommen weiter, der Katholik verspüre Sehnsucht nach Gemeinschaft mit evangelischen Christen und suche nach Zeichen, sie in angemessener Tiefe zu erfahren. Diese Sehnsucht sei mit seiner Familie eng verbunden, welche aus Christen verschiedenen Bekenntnisses bestehe. Schließlich beobachte er, im evangelischen Abendmahl durchaus nicht nichts zu erfahren, sondern in seiner Offenheit für Gott Stärkung und Trost zu finden.

Hier ist ein ursprünglicher Konflikt des Gewissens gegeben. Die Anweisungen des Kirchenrechts sind klar, ja scharf. Gegen diese legitime kirchliche Autorität steht das eigenständige Denken und eine ursprüngliche Erfahrung des Geistes. Denn es »erweckt der Geist in *allen* Jüngern Christi *Sehnsucht* und *Tat*, dass alle in der von Christus bestimmten Weise in der einen Herde unter dem einen Hirten sich in Frieden einen mögen«.[76] Der Wille Gottes ist nicht von vornherein dasselbe wie der Gehorsam gegenüber dem Amt. Der Wille Gottes will als Synthese gesucht werden zwischen Geist und Wort, zwischen Außen- und Innenanspruch. Eine unkritische, gar erzwungene Loyalität würde die ursprüngliche Verantwortung, vor die der Katholik als mündiger Mensch nun einmal gestellt ist, missachten.

Es ergeben sich Fragen zur Praxis des Herrenmahls, denen die amtliche, aber auch die theologische Sprache nicht angemessen Rechnung tragen. Dass der Christ in der Sehnsucht nach Einheit in ursprünglicher Weise Gott erfährt, verdecken die rechtlichen und theoretischen Konstruktionen mehr, als dass sie es wahrnähmen. Auch die Frage, was genau im reformatorischen Sakrament erfahren wird, findet nur ungenügende Aufmerksamkeit. Faktisch erfahren sich zahlreiche mündige Christen in einer vitalen Frage der Glaubenspraxis von Lehramt und Theologie unverstanden, wo nicht allein gelassen. Wenn es in dieser Lage zu einiger Vielfalt von Gewissensantworten kommt, die nicht immer genügend reflektiert sind, liegt die Verantwortung dafür mehr bei Kirchenleitung und Theologie als beim einzelnen Gläubigen.

Eine vor der heutigen Erfahrung verantwortliche und zugleich theologisch wie kirchenrechtlich konsensfähige Haltung[77] scheint derzeit nicht erreichbar. Im Folgenden immerhin drei Bruchstücke, die eine verantwortliche Haltung heute einschließen muss. Im Verständnis des Herrenmahls sind die Unterschiede zwischen katholischer und den meisten evangelischen Kirchen nicht so groß, dass sie das Verbot der gemeinsamen Feier rechtfertigen könnten. Ohnehin entzieht sich die göttliche Gegenwart im Abendmahl einer eindeutigen Definition, sie bleibt Geheimnis, das sich in mehreren Wortgestalten darstellen kann.[78] – Luthers Protest gegen die Praxis der Kirche entsprang dem Gewissen. Rom ließ über Monate und Jahre keine Maßnahmen erkennen, die Gewissensnot zu lindern. Die Treue zum Gewissen stand scharf gegen die Loyalität zur Kirchenleitung. Ein Christ ist verpflichtet, seinem Gewissen zu folgen, weil in ihm der heilige Geist spricht.[79] Darum ist es unmöglich zu sagen, eine aufgrund von Gewissensnot entstandene Gemeinschaft habe mit dem Geist nichts zu tun. Sie steht in jener ursprünglichen Bewegung, die das Gute Wort hören und der Selbsthingabe Jesu im Ritual begegnen will. Das Konzil anerkennt: »Das geschriebene Wort Gottes, das Leben der Gnade, Glaube, Hoffnung und Liebe und andere innere Gaben des Heiligen Geistes und sichtbare Elemente: all dieses, das von Christus ausgeht und zu ihm hinführt, gehört zurecht zu der einzigen Kirche Christi … Diese getrennten Kirchen und Gemeinschaften … sind keineswegs ohne Gewicht im Geheimnis des Heiles. Denn der Geist Christi weigert sich nicht, sie als Mittel des Heiles zu gebrauchen, deren Kraft sich von der Fülle des Heiles herleitet, die der katholischen Kirche anvertraut ist.«[80] Der ernsthafte Glaube, mit der in den protestantischen Kirchen geglaubt wird, konstituiert Kirche wenigstens in Gestalt eines Bruchstücks, das einbinden muss, wer katholisch heißen will. Deshalb darf und soll die römische Kirche das Amt solcher Kirchen[81] und damit ihre Sakramente als etwas Ursprüngliches anerkennen. – Die Feier des Herrenmahles setzt den gemeinsamen Glauben voraus *und* bringt ihn hervor.[82] Einerseits ist die Teilnahme am Mahl Jesu nicht banal. Ein Ritual versteht man nicht auf Anhieb. Ein Mensch muss eingeführt werden, in symbolischen Formen das eigene Leben erkennen und geben lernen. Zum Herrenmahl gehört, auch liturgisch, das gemeinsame Bekenntnis. Es setzt den gemeinsamen Glauben voraus; seit jeher gilt es als Symbol der vollen Kirchengemeinschaft.[83] Doch seit den Sündermählern Jesu gilt auch das andere, bewährt in unzähligen Konflikten zwischen Christen: Das Mahl Jesu schafft Gemeinschaft. Es öffnet verfestigte Positionen und motiviert Streitende zum Frieden. Es lässt ursprüngliche Einheit erfahren, wo es nur Gegensätze zu geben schien. Hier findet der Wunsch Halt, die getrennten Geschwister mögen wenigstens gastweise miteinander das Herrenmahl feiern. »Im Prozess auf die volle Einheit hin lassen sich Stufen von Kirchengemeinschaft ausmachen, die heute ein vorbehaltloses Verbot der Eucharistiegemeinschaft ebenso ausschliessen wie deren allgemeine Eröffnung.«[84]

Eine allzu massive Vorstellung des Amtes von sich selbst und seiner Bedeutung, ungenügend verbunden mit der Gegenwart des Gottesgeistes in der Erfahrung aller Gläubigen: hier wurzeln die Kommunikationsprobleme, die nicht nur das römisch-katholische Christentum zu Beginn des 21. Jahrhunderts lähmen. In der fragenden Erwartung des Menschen von heute fordert Gott selbst von den Christen eine weit reichende Arbeit an sich selbst. Einerseits harrt die Geschichte der Christen einer sanft einfühlenden Aufarbeitung, andererseits verlangt der missionarische Auftrag Entscheidungen, welche die Innenräume des Christentums entschlossen für Werte, Welt und Mensch von heute öffnen.

Hier lohnt es, sich an die jüdische Messiaserwartung zu erinnern und an die Art, wie Jesus sie verstanden hat. Der Messias offenbart sich nicht selbst, durch einen ausdrücklichen Anspruch auf Geltung und Macht. Es ist Gott, der ihn offenbart. Es ist Gott, der anderen Menschen aufgehen lässt, dass sich hier ihre Sehnsucht erfüllt. Der Messias ist gerade daran zu erkennen, dass er im Blick auf seine Wirkung passiv bleibt. Hier spielt eine ungewöhnliche, fein gesponnene Kommunikation. Der eine überfährt die andere nicht mit seinen Überzeugungen und seinem Selbstbewusstsein. Er lebt sie still und konsequent – und überlässt das Weitere Gott. Dieses Spiel lässt der andern Raum und Zeit, das Wesentliche zu merken, an sich selbst, aus den Möglichkeiten, auch aus der Enge ihrer Geschichte und ihrer Fragen. Das Du ist in dieser Kommunikationsstrategie ganz eingeschlossen. Sie will nicht etwas vom Gegenüber, sondern will es selbst, in seinen Entwicklungsmöglichkeiten, von innen heraus.

Jesus erhebt keinen Herrschaftsanspruch. Darin bleibt er Herausforderung und Vorbild für alle, die unter Christen das Amt auszuüben haben. Wie also Führung wahrnehmen im Geist des Menschen aus Nazareth? Augustinus erkennt die Gefahr, die in der Machtausübung unter Christen liegt, und es schaudert ihm: »Wo mich erschreckt, was ich für euch bin, da tröstet mich, was ich mit euch bin. Für euch bin ich Bischof, mit euch bin ich Christ. Jener ist der Name für das Amt, dieser für die Gnade, jener für die Gefährdung, dieser für das Heil«[85]. – Auch dieses Kapitel tut zuletzt den Schritt in die Meditation. Jesus selbst legt seinen Jüngern die Haltung der Hingabe und des Dienstes nahe.

Gekommen um zu dienen

»Damals kam die Frau des Zebedäus mit ihren Söhnen zu Jesus und fiel vor ihm nieder, weil sie ihn um etwas bitten wollte. Er fragte sie: Was willst du? Sie antwortete: Versprich, dass meine beiden Söhne in deinem Reich rechts und links neben dir sitzen dürfen. Jesus erwiderte: Ihr wisst nicht, um was ihr bittet. Könnt ihr den Kelch trinken, den ich trinken werde? Sie sagten zu ihm: Wir können es. Da antwortete er ihnen: Ihr werdet meinen Kelch trinken; doch den Platz zu meiner Rechten und zu meiner Linken habe nicht ich zu vergeben; dort werden die sitzen, für die mein Vater diese Plätze bestimmt hat. Als die zehn anderen Jünger das hörten, wurden sie sehr ärgerlich über die beiden Brüder. Da rief Jesus sie zu sich und sagte: Ihr wisst, dass die Herrscher ihre Völker unterdrücken und die Mächtigen ihre Macht über die Menschen missbrauchen. Bei euch soll es nicht so sein, sondern wer bei euch groß sein will, der soll euer Diener sein, und wer bei euch der Erste sein will, soll euer Sklave sein. Denn auch der Menschensohn ist nicht gekommen, sich bedienen zu lassen, sondern, um zu dienen und sein Leben hinzugeben als Lösegeld für viele.« Mt 20,20–28

Das Christentum im Horizont der Weltreligionen

Die Aufmerksamkeit galt der sichtbaren Gemeinschaft, wie sie die beiden Hände des Vaters hervorbringen, sodann den Schwierigkeiten namentlich der römisch-katholischen Kirche, zu einer zeitgemäßen Gestalt zu finden. Was sagt nun das Christentum zu Wert und Grenzen der anderen Religionen? Sind sie einfach unwahr oder können die Christen von ihnen etwas lernen? Können Christen auch andere Religionen als Wege zur Erfüllung ansehen?

Außerhalb der Kirche kein Heil?

Jahrhunderte lang war es eine einfache Sache. Die Christen wussten zwar von der Existenz anderer Religionen, aber mit Ausnahme der Juden waren sie ein fernes, geradezu exotisches Phänomen. Man konnte es bei einer theoretischen Auseinandersetzung belassen, unbehelligt von freundschaftlichen Verbindungen oder den Notwendigkeiten des Zusammenlebens. Die Juden waren eine Minderheit. Die Verunsicherung, die sie bewirkten, ließ sich einstweilen durch Aggression ausdrücken. Es war nicht weiter kompliziert, einen absoluten Wahrheitsanspruch des Christentums zu behaupten, mit Augustinus: *extra ecclesiam nulla salus*, außerhalb der Kirche kein Heil! Mit wem man nicht verbunden ist, den kann man halbwegs getrost aufgeben. Im Zeitalter der globalen Migration gibt es überall eine Mehrzahl von Religionen. Sie müssen miteinander auskommen. Die Hoffnung, über kurz oder lang würden sich alle Andersgläubigen der eigenen Religion anschließen, erfüllt sich weder für die eine noch für die andere Seite. Die Vielfalt der Religionen erweist sich als bleibendes Phänomen. Ist es möglich, mit einem Muslim zusammenzuleben in der Überzeugung, er werde das wirklich Wertvolle niemals berühren? Kann eine Christin einer Muslima vertrauen, wenn sie deren Auffassung spürt, ihr Gegenüber werde niemals zu Gott finden? Heute ist das Verhältnis der Religionen ein brennendes soziales Problem geworden. Die Religionen sind gefordert, etwas zu sagen über die fremde Religion, über ihre Wahrheit, über die Möglichkeit, auf ihren Spuren Gott zu finden.

Am einfachsten scheint es da, alle Religionen von verschiedenen Seiten auf denselben Berg hinaufführen zu lassen. Der Berg selbst, Gott, liege jenseits der Sprache. Alle glaubten an denselben Gott, alle Formen und Worte blieben gegenüber dem göttlichen Geheimnis nur vordergründige Hülsen.[86] Der Gedanke leuchtet auf den ersten Blick ein. Die Schwierigkeiten beginnen beim Blick auf die Haltung, die er nahe legt. Eher als ein leidenschaftliches Engagement spricht hier eine Gleichgültigkeit, die sich auf keinem Weg engagiert, sondern sich zurücklehnt und sich allen Wegen der Religionen überlegen fühlt. Doch das Christentum erhebt einen absoluten Anspruch. »Ich bin der Weg, die Wahrheit und das Leben (schlechthin)«, spricht der johanneische Jesus (14,6). Die Christen können nicht anders, als von der Wahrheit ihrer Botschaft auszugehen. Sie können ihre Botschaft nicht im oben genannten Sinn relativieren. Diese Relativierung würde den Glauben aufgeben, Gott zeige sich in seinem Wort wirklich, so dass der Mensch seinen Willen erkennen könne. Ja, Christen glauben, dass Gott Wort wird.[87]

Gegenwart jenseits der Bekenntnisgrenzen

Es gibt einen Mittelweg. Es gibt die Möglichkeit, das Innerste des eigenen Glaubens im Fremden zu suchen. Es gibt die Hoffnung, wesentliche Haltungen und Erfahrungen im fremden Gegenüber wieder zu finden, und sei es in ungewohnter Gestalt. Es ist möglich, ein Wirken des göttlichen Geistes nicht nur in einzelnen Andersgläubigen, sondern auch in den Formen fremder Religionen selbst zu erhoffen und zu suchen.[88] In diesem Sinne hoffte Karl Rahner, es könne auch außerhalb des christlichen Bekenntnisses *anonyme Christen* geben, Menschen, welche in Glaube, Hoffnung und Liebe jene unsagbare Öffnung auf das Geheimnis hin lebten, die das Christentum als Gegenwart Gottes bekennt. In Rahners Wort von den anonymen Christen spricht nicht Vereinnahmung, sondern eine ursprüngliche Öffnung zum anderen.

Nach dem Zeugnis des Alten Testamentes richtet sich der göttliche Heilswille von Anfang an auf alle Menschen. Gott segnet Abraham, damit er ein Segen werde für alle Völker (Gen 12,3; 18,18). Das bedeutet: die Heilsgeschichte schließt von vornherein alle Fremden ein. Die Offenheit für die Ausländer blieb in Israel keine fromme Theorie. Es gab ein Recht, das den Fremden im Lande schützte, das im Alten Orient ohne Parallele ist (Dtn 24,17–21; Jer 7,6; Ez 22,7 u.ö.).

Die Religionen der anderen Völker, und eng mit ihr verknüpft, deren Verhalten, erfahren im Alten Testament eine doppelte Wertung. Die meisten Worte über die fremden Religionen entlarven sie als Götzendienst. Und das Verhalten der Völker führt ein strenges, ja furchtbares Strafgericht des wahren Gottes herauf. Man kann diese Wertung als Spiegel der Geschichte Israels lesen, einer ständigen, häufig gewaltsamen Auseinandersetzung mit den Nachbarvölkern und ihren Religionen. Oft drohte der Untergang durch die Hand der Feinde. Schließlich trat er ein. Doch viel interessanter als die Hassgefühle ist, dass der strafende Gott auch die Völker an Recht und Gerechtigkeit misst, gerade so, wie er mit Israel verfährt (vgl. etwa Jes 47; Joël 4).

Auf der anderen Seite gibt es über die Völker erstaunlich offene Worte. Sie erneuern jeweils die universale Berufung Israels. Wenige Jahre nachdem ein fremdes Volk Jerusalem dem Erdboden gleichgemacht hat, spricht der Zweite Jesaja vom Gottesknecht: er bringe den vielen Völkern das Recht, auf das insgeheim alle Inseln warteten, die vielen vereinzelten Teile der Menschheit. Gott, der allen Menschen den Geist verleihe, lasse sie nicht allein (Jes 42,1–6; vgl. Joël 3,1f). »Es ist zu wenig, dass du mein Knecht bist, nur um die Stämme Israels wieder aufzurichten ... Ich mache dich zum Licht für die Völker, damit mein Heil bis an das Ende der Erde reicht« (Jes 49,6). Am Ende würden alle Völker den Gott Israels anbeten, indem sie zum Zion pilgerten (Jes 2,1–5; Mi 4,1–5).

Das liegt in der Zukunft. Doch schon jetzt seien auch andere Völker vom wahren Gott geführt! »Seid ihr mir nicht wie das Volk der Mohren, ihr Kinder Israels? Habe ich nicht Israel herausgeführt aus Ägypten und die Philister aus Kaphtor und die Syrer aus Kir?« (Am 9,7). Gott segnet Israel gemeinsam mit seinen Feinden: »Gesegnet ist Ägypten, mein Volk, und Assur, das Werk meiner Hände, und Israel, mein Erbbesitz« (Jes 19,24f). Das erstaunliche Wort Mal 1,11 sieht in den gegenwärtigen Kulten bereits alle Religionen dem einen Gott eine reine Opfergabe darbringen. Solche Heilsworte über die Völker stehen oft unmittelbar neben Gerichtsworten. Sie gelten gemeinsam: Der wahre Gott kommt als radikaler Richter *und* als jener, der den glimmenden Docht nicht auslöscht.

In auffälligem Gegensatz zu den Propheten des Alten Testaments überliefert das Neue Testament kein Wort Jesu gegen andere Völker und Religionen. Seine Gerichtsworte richten sich stets an das eigene Volk; mehrfach führt Jesus seinem Volk Nichtjuden als positive Beispiele vor Augen, etwa im Gleichnis vom barmherzigen Samariter (Lk 10,30–37). Obwohl er sich zum Volk Israel gesandt sieht, öffnet er sich der Not der Syrerin (Mk 7,24–30) und des römischen Hauptmanns (Mt 8,5–13) und wird ihnen zum Segen. Ihre Bekehrung zum Judentum fordert er nicht, sondern findet bei ihnen, gleichsam anonym, den Glauben an den wahren Gott. Ja, er bemerkt ausdrücklich, er habe in seinem Volk keinen Glauben wie bei jenen Heiden gefunden.

Die Haltung der römisch-katholischen Kirche

Das Konzil von Florenz hatte sich 1442 die augustinische Formel »außerhalb der Kirche kein Heil« in aller Schärfe zu Eigen gemacht.[89] Auf der anderen Seite hielt Pius V. 1567 fest, die erlösende Gnade Gottes habe bereits in den ersten Menschen gewirkt, das heißt lange vor den ersten Bekenntnisansätzen.[90] Im Zweiten Vatikanischen Konzil hat die Lehre der katholischen Kirche wieder Kurs genommen auf die Weite der biblischen

Aussagen, ohne deren Radikalität zu erreichen. Zwar bekräftigt sie die gar enge Vorstellung, wer um den Anspruch der katholischen Kirche wisse und nicht in sie eintrete, könne nicht gerettet werden[91] – so als ob das theoretische Erkennen schon dasselbe wäre wie das Ergriffenwerden des Herzens. Immerhin öffnet die kurze Erklärung *Nostra aetate* (1965) den Horizont für die Vielzahl der Religionen.[92] Die Kirche erkenne in allem Guten und Wahren, was sich bei Andersgläubigen finde, die Gabe dessen, der alle Menschen erleuchte.[93] Alle Religionen seien bemüht, der Unruhe des menschlichen Herzens zu begegnen. Die katholische Kirche bleibe beim biblischen Bekenntnis, Christus sei der Weg, die Wahrheit und das Leben. Zugleich lehne sie nichts von den Lehren, Riten und Lebensregeln ab, die in anderen Religionen wahr und heilig seien. »Mit aufrichtigem Ernst betrachtet sie jene Handlungs- und Lebensweisen, jene Vorschriften und Lehren, die zwar in manchem von dem abweichen, was sie selber für wahr hält und lehrt, doch nicht selten einen Strahl jener Wahrheit erkennen lassen, die alle Menschen erleuchtet.«[94] Johannes Paul II. erkennt in den Religionen die Gegenwart des Geistes: »Die Gegenwart und das Handeln des Geistes berühren nicht nur einzelne Menschen, sondern auch die Gesellschaft und die Geschichte, die Völker, die Kulturen, die Religionen ... Es ist der Geist, der ›die Samen des Wortes‹ aussät, die in den Riten und Kulturen da sind, und der sie für ihr Heranreifen in Christus bereit macht.«[95]

»Im Zusammenhang mit dem Fortschreiten der Kultur suchen die Religionen mit genaueren Begriffen und in einer mehr durchgebildeten Sprache Antwort auf die gleichen Fragen. So erforschen im *Hinduismus* die Menschen das göttliche Geheimnis und bringen es in einem unerschöpflichen Reichtum von Mythen und in tiefdringenden philosophischen Versuchen zum Ausdruck und suchen durch aszetische Lebensformen oder tiefe Meditation oder liebend-vertrauende Zuflucht zu Gott Befreiung von der Enge und Beschränktheit unserer Lage. In den verschiedenen Formen des *Buddhismus* wird das radikale Ungenügen der veränderlichen Welt anerkannt und ein Weg gelehrt, auf dem die Menschen mit frommem und vertrauendem Sinn entweder den Zustand vollkommener Befreiung zu erreichen oder – sei es durch eigene Bemühung, sei es vermittels höherer Hilfe – zur höchsten Erleuchtung zu gelangen vermögen.«[96] Seit dem 20. Jahrhundert sehen viele christliche Denker im Buddhismus die größte Herausforderung. Der Buddhismus lehrt in der Meditation das Nichts (*Nirwana*) zu finden und mit ihm eins zu werden. Nur so werde der Mensch frei vom ewigen Kreislauf des Werdens und Vergehens. Die Erfahrung des Nichts aber ist der Erfahrung der Fülle benachbart, so dass der absolute Gegensatz zwischen christlicher und buddhistischer Lehre möglicherweise ein scheinbarer ist. Die Asiaten haben attraktive und wirksame Wege entwickelt, meditierend mit Gott in Berührung zu kommen. Die Zenmeditation übt große Anziehung auf viele Suchende im Westen aus; das Christentum wächst in der Begegnung mit diesen Wegen. Wie freilich einzelne Elemente asiatischer Religiosität, aus ihrem Kontext geschnitten und in die heutige westliche Fragesituation versetzt, ihre Authentizität wahren können, bleibt eine Frage. Auf sich allein gestellt kann die buddhistische Spiritualität ein westlich-aktives Leben kaum als Ganzes formen. Und indem sie sich auf die Erfahrung des Einzelnen konzentriert, ohne die gesellschaftlichen Bedingungen seines Lebens und Meditierens zu bedenken, passt die westliche Rezeption des Buddhismus allzu gut zum neoliberalen Mainstream und gerät unter Ideologieverdacht.

In Begegnung mit dem Islam

Das Konzil fährt fort: »Mit Hochachtung betrachtet die Kirche auch die Muslim, die den alleinigen Gott anbeten, den lebendigen und in sich seienden, barmherzigen und allmächtigen, den Schöpfer Himmels und der Erde, der zu den Menschen gesprochen hat. Sie mühen sich, auch seinen verborgenen Ratschlüssen sich mit ganzer Seele zu unterwerfen, so wie Abraham sich Gott unterworfen hat, auf den der islamische Glaube sich gerne beruft. Jesus, den sie allerdings nicht als Gott anerkennen, verehren sie doch als Propheten, und sie ehren seine jungfräuliche Mutter Maria, die sie bisweilen auch in Frömmigkeit anrufen. Überdies erwarten sie den Tag des Gerichtes, an dem Gott alle Menschen auferweckt und ihnen vergilt. Deshalb legen sie Wert auf sittliche Lebenshaltung und verehren Gott besonders durch Gebet, Almosen und Fasten. Da es jedoch im Lauf der Jahrhunderte zu manchen Zwistigkeiten und Feindschaften zwischen Christen und Muslim kam, ermahnt die Heilige Synode alle, das Vergangene beiseite zu lassen, sich aufrichtig um gegenseitiges Verstehen zu bemühen und gemeinsam einzutreten für Schutz und Förderung der sozialen Gerechtigkeit, der sittlichen Güter und nicht zuletzt des Friedens und der Freiheit für alle Menschen.«[97] In der Tat kann eine tätige und problembezogene Zusammenarbeit für eine bessere Welt die Differenzen menschlich überbrücken. Im Zwang zur konkreten Zusammenarbeit liegt eine große Chance der Verständigung. Demgegenüber mutet der Versuch, von den Glaubensinhalten her eine Brücke zu den Muslim zu schlagen, heute etwas überholt an. Jesus nimmt im Islam eine radikal andere Stellung ein, die Vorstellung von Gott bleibt gegensätzlich. Und gewiss hoffen Christen, dass die Muslime zu demselben Gott beten. Aber können sie es wissen? Müssten sie dafür nicht Muslime und Christen zugleich sein?

Eine Brücke zum Verständnis liegt eher in der Praxis der Hingabe, welche der Islam auch den Juden und Christen zugesteht. Denn der Koran sieht Abraham als ersten, der sich Gott ergeben hat *(hanif)*: »Und wer hätte einen schöneren Glauben, als wer sein Angesicht Allah ergibt und das Gute tut und die Religion Abrahams, des Lauteren im Glauben, befolgt; und Allah nahm sich Abraham zum Freund« (Koran 4:125; vgl. 3:67). Abraham ist ein Vorbild *(imam)* für alle Menschen (2:124). Hier gibt der Koran dem Muslim ausdrücklich die Möglichkeit, das Eigene beim Anderen wieder zu erkennen.[98] Dass Juden und Christen aus muslimischer Sicht *hanif* sind oder sein können, entspricht Rahners Begriff des anonymen Christen.

Die Globalisierung, namentlich die allgegenwärtigen westlichen Medien, setzen den Islam unter Druck. Und im Nahen Osten unterstützen die USA eine israelische Politik, die von muslimischer Seite als vernichtend wahrgenommen wird. Der Islam fürchtet um seinen kulturellen und menschlichen Zusammenhalt und reagiert auf recht breiter Front mit Rückzug und Gewalt. Zwar erklärt der Koran an einer einzigen Stelle, es dürfe in religiösen Dingen keinen Zwang geben (2:252); zwar hat etwa das jüdische Leben unter der Maurenherrschaft in Spanien mehr blühen können als unter den Christen – doch der Koran verpflichtet seine Anhänger auch, für die Weltherrschaft des Islam zu kämpfen. Die Ausübung anderer Religionen unterliegt in den meisten islamischen Staaten erheblicher Behinderung, Missionsversuche werden streng verfolgt. Mohammed war im Gegensatz zu Jesus nicht nur Prophet, sondern auch Staatsmann und erfolgreicher Feldherr; Religion, Macht und Krieg sind vom Gründer her eng miteinander verschmolzen. Aufs Ganze gesehen ist das Verhältnis des Islam zur Gewalt heute ungeklärt.

Doch der Islam ist ein lebendiges System, das Möglichkeiten schöpferischer Anpassung in sich trägt. Sie sind weit größer, als der erste Augenschein vermuten lässt. Deshalb darf der interreligiöse Dialog dem Islam die Frage nach konkreten Schritten der Weiterentwicklung nicht ersparen. Auch die Christen haben Jahrhunderte gebraucht, um sich vom Heiligen Krieg zu verabschieden; ihre wechselvolle Geschichte zeigt zahlreiche unselige Bündnisse von Thron und Altar. – Noch wenig ausgeprägt ist das Interesse des Islam an den anderen Religionen. Christen machen im Dialog mit den Muslimen oft die Erfahrung, zu einem Besuch und Gebet in der Moschee willkommen zu sein, stoßen aber nicht auf Interesse an Gegenbesuchen. Eine Wissenschaft vom Christentum etwa, Äquivalent zur westlichen Islamwissenschaft, gibt es erst in Ansätzen. Der Koran enthält bereits eine Theorie des Christentums, so dass sich eine Auseinandersetzung mit den christlichen Quellen scheinbar erübrigt.

Die pluralistische Gottesvorstellung der Christen setzt erforschende Neugier, Dialog und schöpferische Auseinandersetzung frei, welche die muslimische Kultur heute von außen, eben aus dem westlichen Umfeld, treffen. Aus den unterschiedlichen Gottesvorstellungen könnte sich erklären, dass das Abendland den großen kulturellen Vorsprung, den die islamische Welt noch im 12. Jahrhundert hatte, nicht nur aufholen, sondern die islamische Wissenschafts- und Freiheitsentwicklung weit hinter sich lassen konnte. Viel hängt damit zusammen, dass den Christen im 13. Jahrhundert eine Synthese gelang, die den feudalen Paternalismus überstieg: in partnerschaftlichen und städtischen Lebensformen, wie sie Franziskaner und Dominikaner schufen; in einer Philosophie, deren Unabhängigkeit die Geistlichkeit ausdrücklich akzeptierte.

Juden und Christen

Jesus und die Apostel waren Juden; das Christentum beansprucht die Geschichte Israels auch als seine eigene. Die große Nähe macht das Verhältnis schwierig. Oft wollten die Christen die besseren Juden sein, das Gesetz noch besser erfüllen, so dass heftige Konkurrenzgefühle sie plagten. Wo die Christen nicht ausdrücklich akzeptierten, dass die Juden die Geschichte Israels und die Gegenwart Gottes anders lesen, blieben Schuld und Schmerz der Trennung unaufgearbeitet. Hier wurzelt die mörderische Gewalt, mit welcher die Christen die Juden immer wieder überzogen. Gerade im jüdischsten der Evangelien, bei Matthäus, organisiert die religiöse Führung der Juden den Justizmord an Jesus. Von ihr angestiftet, ruft das jüdische Volk in einer finsteren Szene – sie findet sich in keinem anderen Evangelium – das Blut Jesu auf sich und seine Kinder herab.[99] Hierauf gründet der Vorwurf des Gottesmordes. Leider ist Matthäus in der Geschichte des Christentums außerordentlich wirksam geworden. Die Blutspur reicht also bis ins Neue Testament hinein.

Immerhin kennt es auch besonnenere Stimmen. Paulus wagt nach langer Auseinandersetzung mit seiner jüdischen Vergangenheit (Röm 9–11) den Versuch, über die Rivalität hinauszuschauen und den Juden ihren eigenen Weg zu lassen. Gottes Wille sei unbegreiflich. Deshalb stehe den Christen kein Urteil über die Juden zu. Die begriffliche und emotionale Aufarbeitung der Trennung lässt das Ressentiment verschwinden. Das Konzil folgt Paulus: Die Christen entstammten der Glaubensgeschichte Israels; dass sie in Jesus nicht den Messias erkannt hätten, sei unbegreiflich, eine Sache zwischen Gott und seinem Volk, über die den Christen kein Urteil zustehe.

Von den matthäischen Schrecklichkeiten nimmt das Konzil Abstand. »Obgleich die jüdischen Obrigkeiten mit ihren Anhängern auf den Tod Christi gedrungen haben, kann man dennoch die Ereignisse seines Leidens weder allen damals lebenden Juden ohne Unterschied noch den heutigen Juden zur Last legen. Gewiss ist die Kirche das neue Volk Gottes, trotzdem darf man die Juden nicht als von Gott verworfen oder verflucht darstellen, als wäre dies aus der Heiligen Schrift zu folgern.« Die Kirche betrauert die mörderische Gewalt gegen das Judentum: Im Bewusstsein des gemeinsamen Erbes »beklagt die Kirche ... alle Hassausbrüche, Verfolgungen und Manifestationen des Antisemitismus, die sich ... gegen die Juden gerichtet haben«[100]. Das sind wertvolle Fortschritte. Freilich lässt sich zwischen dem kirchlichen Antijudaismus und dem politischen Antisemitismus bis hin zur Shoah eine weitreichende Kontinuität aufweisen. Sie anerkennt bis heute kein römisches Dokument[101]; die Politik Benedikts XVI. weist bestürzende Zweideutigkeiten auf.[102]

Die jüdische Interpretation des Monotheismus gerät weit dynamischer als die islamische. Weniger in einem zeitlosen Autoritätsverhältnis findet Israel sein Gegenüber als vielmehr in der Geschichte. »Ich werde dasein, als der ich dasein werde« (Ex 3,15)[103]: Jahwe zeigt sich Israel in je neuer Gestalt in den Ereignissen der Geschichte. Und mit der Erwählung Israels ist untrennbar der Auftrag verbunden, in der Geschichte zum Segen zu werden (Gen 12,3). Deshalb wirkt das Judentum kulturell unerhört progressiv und schöpferisch. Es waren zu einem guten Teil Juden, welche dem Horizont des Westens in den letzten 200

Jahren eine neue Gestalt gegeben haben. Marx und Engels; Einstein; Freud, Fromm und viele andere führende Gestalten der Psychotherapie haben gerade dort Wege geöffnet, wo die Grenzen einer statischen Metaphysik den Westen hemmten. Indem Juden den Rahmen des Bewusstseins öffneten, schufen sie sich nicht nur Freunde. Möglicherweise speiste Wut über den Verlust der Geborgenheit den mörderischen Antisemitismus des 20. Jahrhunderts.

Das Maß der Liebe

Wie können die Religionen miteinander umgehen, wo doch ein gemeinsames Bekenntnis nicht in Aussicht steht? Die berühmte Ringparabel in Lessings Drama *Nathan der Weise* macht einen Vorschlag. Mit der Wahrheit der Religionen sei es wie mit einem unschätzbar wertvollen Ring. Er war seit Generationen weiter vererbt worden, immer vom Vater auf den Sohn. Nun aber ist einer mit drei Söhnen gesegnet und will keinen zurücksetzen. Da lässt er zwei so gute Fälschungen anfertigen, derart gelungen, dass nicht einmal der Auftraggeber sie vom Original unterscheiden kann. Als es zum Sterben kommt, ruft er seine Söhne einzeln zu sich und gibt jedem einen Ring. Kaum ist der Vater tot, kommt ein jeder mit seinem Ring und will Fürst des Hauses sein. »Man untersucht, man zankt, man klagt: Umsonst, der rechte Ring ist nicht erweislich.«[104] So unerweislich wie die Wahrheit der Religionen! Judentum, Islam und Christentum sind alle aus ernsthafter Erfahrung entstanden. Ein jedes hat seinen Ring, jedes ist gewiss, ihn aus der Hand des Vaters erhalten zu haben. Welche Religion der Wahrheit am nächsten ist, lässt sich nicht herausfinden. Deshalb empfiehlt Lessing:

»NATHAN: Ich höre ja, der rechte Ring
Besitzt die Wunderkraft, beliebt zu machen;
Vor Gott und Menschen angenehm. Das muss
Entscheiden! Denn die falschen Ringe werden

Doch das nicht können! Nun, wen lieben zwei
Von Euch am meisten? – Macht, sagt an! Ihr schweigt?
Die Ringe wirken nur zurück? Und nicht
Nach außen? Jeder liebt sich selber nur
Am meisten? – oh, so seid ihr alle drei
Betrogene Betrüger! Eure Ringe
Sind alle drei nicht echt. Der echte Ring
Vermutlich ging verloren ... Hat von
Euch jeder seinen Ring von seinem Vater
So glaube jeder sicher seinen Ring
Den echten ... Wohlan!
Es eifre jeder seiner unbestochnen,
Von Vorurteilen freien Liebe nach!
Es strebe von euch jeder um die Wette,
die Kraft des Steins in seinem Ring an Tag zu legen!«[105]

Lessing misst die Religionen an ihrer Wirkung auf die Außenwelt. Heute können auch die Wirkungen auf die innere Welt ins Auge gefasst werden. Möglicherweise zeitigen die buddhistische Achtsamkeit für das Jetzt und die christliche Annahme seiner selbst vergleichbare Wirkung.

Das Konzil folgt Lessing darin, dass der Wahrheitsanspruch sich an der tätigen Nächstenliebe messen lassen müsse. Niemand könne Gott anrufen, wenn er irgendwelchen Menschen die brüderliche Haltung verweigere. Wer den Mitmenschen nicht liebe, kenne Gott nicht (1Joh 4,8). »Deshalb verwirft die Kirche jede Diskriminierung eines Menschen oder jeden Gewaltakt gegen ihn um seiner Rasse oder Farbe, seines Standes oder seiner Religion willen, weil dies dem Geist Christi widerspricht.«[106] Die Christen sollen »mit Klugheit und Liebe mit Andersgläubigen sprechen und zusammenarbeiten. Sie sollen die spirituellen, ethischen und soziokulturellen Werte, die sich bei ihnen finden, anerkennen, wahren und fördern.«[107] Das Konzil schlägt Brücken über konkurrierende Wahrheitsansprüche: Sie bleiben als solche bestehen – und werden fruchtbar im Einsatz für eine bessere Welt.

Dem praktischen Maßstab entsprechen die Gebetstreffen, zu denen Johannes Paul II. die Vertreter der anderen Religionen nach Assisi eingeladen hat. Das gemeinsame Gebet drückt die Hoffnung auf eine tiefere Gemeinschaft zwischen den Religionen aus, die sich heute noch nicht sprachlich ausdrücken lässt. Das gemeinsame stille Gebet Benedikt XVI. mit dem Mufti von Istanbul in der Blauen Moschee 2006, gen Mekka gewendet, trägt die Hoffnung weiter.

Die christliche Beurteilung der anderen Religionen hat sich geöffnet. Eine Beurteilung freilich ist noch kein Dialog mit dem Selbstverständnis des Anderen. Die theologische Entwicklung ist unterdes vorangeschritten; die Kirchenleitungen, so darf man erwarten, werden in gemessenem Abstand folgen. Dass Benedikt XVI. in seiner Regensburger Vorlesung dem Islam die Frage nach der Vernünftigkeit des Glaubens stellt, ist ein Schritt, das inhaltliche Gespräch mit den anderen Religionen aufzunehmen und nicht nur auf das Heil für sie zu hoffen. Ziel der Glaubenden, Hoffenden und Liebenden dieser Erde kann nicht sein, die einzig wahre Religion zu beweisen. Ihr Ziel ist, je neu den wahren Gott zu finden. Dann lassen sich die anderen Religionen als Partnerinnen erfahren, ohne dass die Lehrunterschiede bereinigt sein müssten.

Nächstenliebe und Andersgläubige

Wiederum führt der Weg von der grundsätzlichen Überlegung zu einer gelebten Haltung, die sich in der stillen Betrachtung vertiefen lässt.

Das Zweite Vatikanische Konzil schließt seine Erklärung mit folgenden Worten:

> *»Wir können aber Gott, den Vater aller, nicht anrufen, wenn wir irgendwelchen Menschen, die ja nach dem Ebenbild Gottes geschaffen sind, die brüderliche Haltung verweigern. Das Verhalten des Menschen zu Gott dem Vater und sein Verhal-*

ten zu den Menschenbrüdern stehen in so engem Zusammenhang, dass die Schrift sagt: »Wer nicht liebt, kennt Gott nicht« (1 Joh 4,8). *So wird also jeder Theorie oder Praxis das Fundament entzogen, die zwischen Mensch und Mensch, zwischen Volk und Volk bezüglich der Menschenwürde und der daraus fließenden Rechte einen Unterschied macht. Deshalb verwirft die Kirche jede Diskriminierung eines Menschen oder jeden Gewaltakt gegen ihn um seiner Rasse oder Farbe, seines Standes oder seiner Religion willen, weil dies dem Geist Christi widerspricht. Und dementsprechend ruft die Heilige Synode, den Spuren der heiligen Apostel Petrus und Paulus folgend, die Gläubigen mit leidenschaftlichem Ernst dazu auf, dass sie »einen guten Wandel unter den Völkern führen«* (1Petr 2,12) *und womöglich, soviel an ihnen liegt, mit allen Menschen Frieden halten, so dass sie in Wahrheit Söhne des Vaters sind, der im Himmel ist.«*[108]

Anmerkungen

[1] Vgl. Chenu (1964b) 90f.

[2] Vgl. Kernberg (1976), bes. 21. 25. 55.

[3] Steffel (2002) 47f. 56 hat herausgearbeitet, dass es ohne religiöse Formen keine religiöse Entwicklung, und ohne religiöse Entwicklung keine spirituelle Konstituierung des Subjekts gibt. Wo das Subjekt sich nicht an Formen reiben könne, finde es kein Gegenüber. Ohne ein solches Vis-à-vis finde es jedoch auch sich selbst nicht, sondern bleibe nackt und hilflos zurück. »Nur zwischen Form und Subjekt, im Wechselspiel dieser beiden Komponenten christlichen Glaubens, ist der Bedeutung christlichen Redens und Handelns auf den Grund zu kommen ... Ohne Form gibt es kein Subjekt und ohne Subjekt gibt es keine Form.« Nicht nur Menschen schafften Formen, sondern »ontogenetisch schaffen eher Formen Menschen«. Vgl. 110.

[4] Das Folgende verdankt seine Struktur dem Gespräch mit Peter Hünermann, bes. (1975, 1981). Vgl. den Begriff der Kirche als konkrete Freiheit bei Kehl (1979) 166–180: »Im Konkretisieren erweist sich das Befreiende des Geistes« (178).

[5] Gal 1,11f, vgl. 1. 17ff und Hünermann (1981) 181. – Die Abstimmung mit den anderen Aposteln erweist sich gleichwohl als notwendig: Gal 2,1–10.

[6] Vgl. Hünermann (1981) 181f.

[7] Vgl. Zweites Vatikanisches Konzil Lumen gentium 20f (DH 4144f).

[8] »Apostolische Sukzession ist notwendig, weil nur in der vollen Sichtbarkeit und sakramentalen Greifbarkeit der Ordination die legitime Weitergabe jener Vollmacht erfolgen kann, welche der Herr selbst am Anfang den Aposteln verliehen hat.« Hünermann (1975) 287.

[9] Vgl. Erstes Vatikanisches Konzil, Pastor Aeternus 4 (DH 3074). Auf die allermeisten Entscheide der Päpste bezieht sich diese Lehre nicht. Seit 1870 hat erst ein Papst eine unfehlbare Entscheidung verkündet: Pius XII. verkündete 1950 feierlich als Glaubenssatz, Maria sei mit ihrem Leib in den Himmel aufgenommen worden (DH 3900–3904). Der Satz bestreitet den Tod Mariens nicht, sondern lehrt die vollständige Überwindung des Todes in der kommenden Welt. Pius XII. sagt von Maria nicht mehr, als was Paulus (1Kor 15,42–53) von allen Gläubigen sagt.

[10] Die Pforten der Hölle würden die *Kirche* nicht überwältigen, heißt es an der vielzitierten Stelle Mt 16,18. – Bereits das Erste Vatikanische Konzil, Pastor Aeternus 3 (DH 3061) versteht die Vollmacht des Papstes als Schutz und Stärkung der Ortsbischöfe, ja der gesamten Kirche, dem Wort Papst Gregor des Großen entsprechend: »Meine Ehre ist die Ehre der ganzen Kirche. Meine Ehre ist die ungebrochene Tatkraft meiner Brüder. Denn ich bin wahrhaft geehrt, wenn einem jeden Einzelnen die gebührende Ehre nicht versagt wird.« Das Zweite Vatikanische Konzil, Lumen gentium 25 (DH

4149) versteht die Unfehlbarkeit im Kontext des gemeinsamen Lehramtes der Bischöfe: »Die der Kirche verheißene Unfehlbarkeit wohnt auch der Körperschaft der Bischöfe inne, wenn sie das oberste Lehramt zusammen mit dem Nachfolger des Petrus ausübt. Diesen Bestimmungen aber kann wegen der Wirksamkeit desselben heiligen Geistes, durch welchen die gesamte Herde Christi in der Einheit des Glaubens bewahrt wird und fortschreitet, die Zustimmung der Kirche niemals fehlen.«

[11] Zweites Vatikanisches Konzil, Lumen gentium 12 (DH 4130).

[12] »Das Kriterium des Amtes und der Amtsführung in Vollmacht ist, bis in die Spitze der Entscheidung hinein, die Kirche als Gemeinschaft.« Hünermann (1981) 182, vgl. 182f.

[13] Vgl. Zweites Vatikanisches Konzil, Lumen gentium 14 (DH 4136).

[14] Vgl. ebd. 2 (DH 4102): Die Kirche »war schon seit dem Ursprung der Welt vorausgestaltet; in der Geschichte des Volkes Israel und im Alten Bund auf wunderbare Weise vorbereitet«.

[15] Ebd. 4 (DH 4104). Die Kirche versteht sich »Zeichen und Werkzeug für die innigste Vereinigung mit Gott und für die Einheit des ganzen Menschengeschlechts«, die bereits in Gang und verborgen gegenwärtig sind, ebd. 1 (DH 4101). Vgl. 16 (DH 4140): »Auch den anderen, die in Schatten und Bildern den unbekannten Gott suchen … ist Gott nicht ferne, da er allen Leben und Atem und alles gibt und als Erlöser will, dass alle Menschen gerettet werden.«

[16] Vgl. Irenäus, haer. III 3,2.

[17] Zweites Vatikanisches Konzil, Lumen gentium 8 (DH 4118).

[18] Vgl. Beinert (2002) 145f.

[19] Zweites Vatikanisches Konzil, Lumen gentium 13 (DH 4132).

[20] Vgl. Irenäus haer. III 17,1; 24,1. – Es gibt wichtige Kontinuitäten. Und es gibt wichtige Veränderungen, etwa die Wertung der Nichtjuden vor und nach Paulus, der Welt vor und nach Thomas oder der Nichtchristen vor und nach dem Konzil.

[21] Vgl. Zweites Vatikanische Konzil, Lumen gentium 9.68. (DH 4122ff. 4179).

[22] Vgl. Zum folgenden Chenu (1964b) 37–53; (1959) 6–17.

[23] »Der intellektuelle und politische Kleinmut der Verantwortlichen hatte es nicht verstanden, die Bedürfnisse rechtzeitig wahrzunehmen, zu gewichten und zu befriedigen. Sie wollten den Kranken belehren (moraliser), ohne seine Kräfte wiederherzustellen.« Chenu (1964b) 41, Übersetzung TP.

[24] Vgl. Chenu (1964b) 473.

[25] »Der Christologie und besonders der Ekklesiologie müssen ein neues Studium und eine neue Verehrung des Heiligen Geistes folgen als unver-

zichtbare Ergänzung der Lehre des Konzils.« Generalaudienz vom 6. Juni 1973, zitiert bei Congar (1984) 176, Übersetzung TP.

[26] Vgl. Rahner (1976) 24.

[27] Christozentrischen Ansätzen gelingt es nicht, die Weise ihres Blicks auf den Menschen von Nazareth adäquat zu reflektieren. Zu übermächtig, zu objektiv macht die Denkhaltung das gottmenschliche Gegenüber, als dass die Motivation des Blickens klar reflektiert werden könnte. Die Vielfalt der christozentrischen Ansätze – etwa bei Barth, Küng, Kasper oder Johannes Paul II. – zeigt die Bedeutung jener Weisen des Blickens, ohne dass sie begriffliche Instrumente fänden, ihre Art zu schauen theologisch angemessen zu begründen.

[28] Die Jesuiten sehen seit ihrer 34. Generalkongregation (1995) keine Möglichkeit mehr, die Frohe Botschaft glaubwürdig zu verkünden, ohne den Dialog zu pflegen. »Unsere Sendung zum Dienst am Glauben und zur Förderung der Gerechtigkeit (muss) erweitert werden, so dass sie die Verkündigung des Evangeliums, den Dialog und die Evangelisierung der Kultur als wesentliche Dimensionen mit einschließt ... Wir können nun über unsere gegenwärtige Sendung sagen, dass der Glaube, der Gerechtigkeit tut, notwendigerweise ein Glaube ist, der mit anderen Überlieferungen in Dialog tritt und der das Evangelium in die Kultur einbringt.« (20f).

[29] Vgl. Ratzinger (2006).

[30] Joseph Mohr 1876; Strophe 2 und 3 W. Marx 1972. Vgl. Gotteslob 639; Kath. Gesangbuch Schweiz 506, Str. 1.4.5. Die übrigen vorkonziliaren Strophen sind nicht mehr im Gebrauch. Dort hieß es u. a.: Gar herrlich ist's bekränzet / Mit starker Türme Wehr, / Und oben hoch erglänzet / Des Kreuzes Zeichen hehr. – Wohl tobet um die Mauern / Der Sturm in wilder Wut; / Das Haus wird's überdauern, / Auf festem Grund es ruht. – Auf! eilen liebentzündet / Auch wir zum heil'gen Streit: / Der Herr, der's Haus gegründet / Uns ew'gen Sieg verleiht (vgl. Magnificat 448, 2.3.7).

[31] Das zeigt der Vergleich mit den Weltreligionen. Sie kennen keine einheitliche Repräsentanz, so dass sie nicht mit einer Stimme sprechen. Dann findet zum Beispiel ein westlicher Staat kein islamisches Gegenüber, mit dem er Fragen des schulischen Religionsunterrichts verbindlich klären könnte.

[32] In den protestantischen und orthodoxen Kirchen mag auch nicht alles zum Besten stehen. Da hier ein Katholik schreibt, liegt es nahe, zunächst vor der eigenen Tür zu kehren.

[33] »Leiden wir nicht, wie P. Delp es nannte, an einem kirchlichen Funktionärsgeist, in dem eine kleinliche Sucht nach Sicherheit und schließlich Erstarrung widerhallen? ›Er bringt einen Menschentyp hervor, vor dem der Heilige Geist selbst sozusagen ohnmächtig ist, so dass er vergeblich eine

Bresche in der Festung sucht, in der alles sorgfältig bewacht und gesichert ist.‹« Congar (1979/80) II 171, Übersetzung TP. Vgl. 170. 195ff.

34 Vgl. Philipp (2001); Fuchs (2007). – Das Zölibatsgesetz hat die Unterstützung der deutschen Katholiken verloren. Laut einer forsa-Umfrage für n-tv vom Februar 2008 sind 88 % der Deutschen und 94 % der Katholiken dagegen, die Priester auf die Ehelosigkeit zu verpflichten. Vgl. Reformierte Presse 29. 2. 2008, 5.

35 Vgl. Glaubenskongregation (1997).

36 »Man sollte sich hüten, sich für eine Entscheidung, die man, bloß durch das Schwergewicht des Gewohnten bewegt, zu treffen beabsichtigt, von gescheiten Theologen oder Kirchenfunktionären ideologische Begründungen liefern zu lassen, die sehr tiefsinnig scheinen mögen, aber im Grunde doch nur die überzeugen, die von anderswoher schon längst von dem überzeugt sind, was da hinterdrein theologisch oder juristisch subtil begründet wird. Die Gefahr, sich selbst etwas durch solche nachträglichen ideologischen Substrukturen vorzumachen, ist in der Kirche sehr groß und ein typisches Teilphänomen an einem falschen Klerikalismus.« Rahner (1972) 64.

37 Eine Kirche, die sich als Selbstzweck versteht, ist nach Bonhoeffer »unfähig, Träger des versöhnenden und erlösenden Wortes für die Menschen und für die Welt zu sein«. Zitiert bei Ebeling (1959) 180.

38 Zweites Vatikanische Konzil, Lumen gentium 33. 30 (DH 4156. 4159).

39 Vgl. ebd. 12. 32 (DH 4131. 4158).

40 Ebd. 37 (DH 4163).

41 Was in Lumen gentium seine wichtigste Rolle ist: vgl. Nr. 2.7.13.15.22.25.32 (DH 4102. 4113. 4116. 4132f. 4139. 4146. 4149. 4158).

42 Vgl. ebd. 23 (DH 4147).

43 Vgl. ebd. 4 (DH 4104).

44 Vgl. ebd. 19. 26 (DH 4143. 4151).

45 Vgl. ebd. 32. 34 (DH 4158. 4160).

46 Vgl. ebd. 21. 24ff (DH 4145. 4148ff).

47 Ebd. 37 (DH 4163). Dies könne in den dazu von der Kirche festgesetzten Einrichtungen geschehen, also etwa in Pfarr- und Diozesanräten.

48 Ebd. – Vgl. 25 (DH 4149) und 27 (DH 4152): »Die Gläubigen aber müssen dem Bischof anhangen wie die Kirche Jesus Christus und wie Jesus Christus dem Vater, damit alles durch die Einheit zusammenstimme und überströme zum Ruhm Gottes.« – In der Linie dieser Einbahnkommunikation kann es heißen: »Innerhalb der Gemeinschaften der Kirche ist ihr (der Laien) Tun so notwendig, dass ohne dieses auch das Apostolat der Hirten meist nicht zu seiner vollen Wirkung kommen kann«: Apostolicam actuasitatem 10. Als ob es keine partnerschaftliche Vision gäbe, wird die Arbeit des

Amtes als das Bedeutsame vorausgesetzt; diejenige der Laien tritt nachträglich hinzu. Ohne ihr Tätigsein könne die Sendung der Amtsträger »meist« nicht zur »vollen Wirkung« kommen! Offenbar könnte die Kirche auch ohne Laien existieren.

[49] Vgl. Klein (2008) 84.

[50] Der Amtseid ist Bestandteil der römischen Rechtstradition. Im christlichen römischen Reich war er allgegenwärtig; für Beamte, Richter, Funktionäre und Verwalter aller Art war das Verhältnis zum Amt durch den Eid geregelt; vgl. Prodi (1992) 52.

[51] Vgl. Schmitz (1988) 357.

[52] Blank (1989) 98 unter Bezug auf die wichtigsten deutschsprachigen Matthäuskommentare. Ähnlich Kreusch (2006) 596ff. – Hebr 6,16 anerkennt den Eid als weltliche Methode, dem Streit eine Ende zu machen. Eine christliche Eidesleistung ist damit nicht akzeptiert: vgl. Prodi (1992) 37.

[53] Die römische Kurie hat die Eidesformel zwar in Kraft gesetzt, aber nicht veröffentlicht! Der Verfasser verdankt es der hartnäckigen Sorgfalt von Herrn Dr. Hilger Weisweiler, Leiter der Theologischen Abteilung der Universitätsbibliothek Tübingen, dass sich die Formel schließlich recherchieren ließ. Schmitz (1988) 378f gibt sie lateinisch ohne Kommentar in der Fußnote einer langen Abhandlung; der Bonner Nuntius Josip Uhač habe sie ihm zugänglich gemacht. Grote (1990) 37 (vgl. Kreusch (2006) 588) übersetzt: »Ich …, berufen (*promotus;* genauer: befördert) auf den Stuhl von …, werde der Katholischen Kirche und dem Papst, ihrem obersten Hirten, als dem Stellvertreter Christi, dem Nachfolger des seligen Apostels Petrus im Primat und dem Haupt des Bischofskollegiums, stets treu sein.
Der freien Ausübung der primatialen Vollmacht des Papstes in der ganzen Kirche werde ich Folge leisten und dafür Sorge tragen, seine Rechte und Autorität zu fördern und zu verteidigen. Auch die Vorrechte und Dienste der päpstlichen Gesandten, die ja den obersten Hirten vertreten, werde ich anerkennen und bewahren.
Ich werde mich darum kümmern, dass die den Bischöfen anvertrauten apostolischen Dienste, nämlich das Gottesvolk zu lehren, zu heiligen und zu leiten, in hierarchischer Gemeinschaft mit dem Haupt und den Gliedern des Bischofskollegiums in aller Gewissenhaftigkeit ausgeübt werden.
Die Einheit der ganzen Kirche werde ich schützen und daher eifrig darauf bedacht sein, dass der uns von den Aposteln her überlieferte Schatz des Glaubens rein und unverfälscht erhalten wird und dass die Wahrheiten, die festzuhalten und auf das sittliche Leben anzuwenden sind, allen weitergegeben und verdeutlicht werden, so wie sie vom Lehramt der Kirche vorgelegt werden. Den im Glauben Irrenden aber werde ich mein väterliches Herz öffnen und mit allen Kräften darauf hinwirken, dass sie zur ganzen Fülle der katholischen Wahrheit gelangen.

Das Bild Christi, des höchsten und ewigen Priesters, vor Augen, werde ich fromm und unsträflich handeln und den mir anvertrauten Dienst *(ministerium mihi commissum)* so erfüllen, dass ich, von der Gesinnung her zum Vorbild der Herde geworden, die Gläubigen bei der Erlangung der christlichen Vollkommenheit zu stärken vermag.
Die der ganzen Kirche gemeinsame Ordnung werde ich fördern und die Einhaltung aller kirchlichen Gesetze, besonders der im Codex Iuris Canonici enthaltenen, mit Klugheit betreiben und dabei stets darüber wachen, dass sich nicht Missbräuche einschleichen, besonders was die Wortverkündigung und die Feier der Sakramente anbetrifft.
Gewissenhafte Sorgfalt werde ich auf die Verwaltung der zeitlichen Güter der Kirche verwenden, insbesondere derer, die zur Ausübung des Gottesdienstes, zum standesgemäßen Unterhalt des Klerus und der anderen Diener sowie für die Werke des heiligen Apostolats und der Caritas gesammelt worden sind.
Bei der Erfüllung des mir anvertrauten Auftrags werde ich allen Priestern und Diakonen, den umsichtigen Mitarbeitern des bischöflichen Standes, ebenso den männlichen und weiblichen Ordensangehörigen, welche ja an ein und demselben Werk Anteil haben, mit besonderer Liebe begegnen. Ebenso werde ich größte Sorgfalt darauf verwenden, die heiligen Berufungen zu fördern, damit in der Kirche allenthalben für die geistlichen Bedürfnisse angemessen gesorgt sei.
Die Würde der Laien und die ihnen eigene Rolle bei der Sendung der Kirche werde ich anerkennen und fördern. Um die Missionswerke, deren Einsatz der Evangelisation der Völkerwelt gilt, werde ich mich mit besonderer Sorgfalt kümmern.
Werde ich zu Konzilien und sonstigen legitimen kollegialen Akten gerufen, werde ich, sofern ich nicht verhindert bin, anwesend sein oder rechtzeitig Antwort geben.
Zu den festgesetzten Zeiten oder wenn sich seitens des Apostolischen Stuhls dazu Gelegenheit bietet, werde ich Rechenschaft über mein Hirtenamt ablegen, dabei auch seine (des Apostolischen Stuhls) Aufträge und Ratschläge entgegennehmen und dann mit größtem Eifer ausführen.
So wahr mir Gott helfe und dieses heilige Evangelium Gottes, das ich mit meinen Händen berühre!«

[54] Vgl. Zweites Vatikanisches Konzil, Lumen gentium 23. 27 (DH 4147. 4152). – Nach CIC can. 333 § 1 hat die päpstliche Gewalt auch die »eigenberechtigte, ordentliche und unmittelbare Gewalt« zu stärken und zu schützen, welche die Bischöfe über die Teilkirchen innehaben; vgl. Kreusch (2006) 592. Der den Eid leistet, bekennt von den bischöflichen Aufgaben nicht, dass die Weihe sie ihm übertrage *(conferre)*, sondern dass sie ihm anvertraut *(committere)* sind. »Der Eid lässt in seiner Abfolge keinen anderen

Schluss zu, als das es der Papst sei, der die Dienste anvertraut.« Grote (1990) 36. In dieselbe Richtung weist, dass die Eidesformel den Schwörenden *promotus,* befördert nennt. Die Vorgängerformeln von 1972 und 1596 (vgl. Schmitz (1988) 370. 357) boten *nominatus,* ernannt bzw. *electus,* erwählt.

[55] »Mit dem Eid hat man ein Kontrollsystem aufgebaut, in dem sich die interne Machtausübung der Kirche ... in ein dem Herrscher-Untertan entsprechendes Verhältnis gewandelt hat.« Diese Sichtweise laufe Gefahr, »innerhalb der Kirche das Machtsystem zu reproduzieren, das ihr eigentlich fremd ist«. Prodi (1992) 432f.

[56] Einen wertvollen und der Vertiefung bedürftigen Ansatz, jener Erkrankung eine Sprache zu geben, hat Drewermann (1989) vorgelegt.

[57] Beinert (2002) 155.

[58] Harnack (1900) beschreibt den römischen Katholizismus als Fortsetzung des Imperiums, als Tradition der Machtausübung.

[59] Weit mehr als die Ablassbriefe steuerte Beutegold aus Lateinamerika bei. Die skandalösen wirtschaftlichen Details und die weit reichenden finanziellen Abhängigkeiten sind in der katholischen Kirche und Theologie nicht zureichend verarbeitet, obwohl sie seit langem bekannt sind: vgl. Heim (1925) 16–20.

[60] »Mit Trauer denke ich an die eigenartige Verfinsterung des christlichen Bewusstseins – und jener, die es hätten führen müssen, der Theologen – in den Jahren um 1500. Aus Betroffenheit, Ungeschick oder Irrtum, haben sie nichts von dem gesehen, was sich im Abgrund des Menschen vorbereitete. Sie verbauten den Weg für große Kräfte, die ohne sie weiterwirkten. Sie haben uns praktisch zum Heidentum geführt.« Chenu (1964b) 116, Übersetzung TP.

[61] John Wycliff war rechtzeitig eines natürlichen Todes gestorben, so dass nur seine Bücher und posthum seine wieder ausgegrabenen Gebeine verbrannt wurden.

[62] Vgl. Chenu (1964b) 194f.

[63] Congar (1979/80) II 199, Übersetzung TP. Skepsis, ja Distanz gegenüber einem als überzogen empfundenen Klerikalismus durchziehen die Schriften der Großen der *nouvelle théologie*. Vgl. Rahner (1972) 61–65.

[64] Nach Rouet (2009) 147 führt der Starkult, den die Kirche wenig reflektiert von der Gesellschaft übernimmt, zu einer illusionären Einförmigkeit, in der nur wenige Aufmerksamkeit erhalten und etwas zu sagen haben. Damit unterdrücke er die christliche Grundstruktur der Geschwisterlichkeit und gegenseitigen Gemeinschaft, in der es auf das Wort eines jeden ankommt.

[65] Vgl. Rouet (2009) 245, Übersetzung TP: »Wir denken heute zu einem Zeitpunkt, an dem wir uns von der antiprotestantischen Krise noch nicht frei gemacht haben. Alles was nur von ferne den Priester und Klerus in Frage zu stellen scheint, wird als protestantisch verdächtigt, oder es wolle

den Platz des Weihesakraments in der Kirche beschneiden. Aber das ist völlig falsch.«

[66] Vgl. Rouet (2009) 237.

[67] Vgl. Beinert (2002) 140; Kirchschläger (2007). – Die Grußliste Röm 16,1–16 gibt einen bemerkenswerten Einblick in das urkirchliche Amt. Phöbe wird als Diakonin und Vorsteherin genannt, Junia als Apostelin.

[68] Hos 11,9. Gott wird hier gezielt vom Mann abgesetzt, nicht allgemein vom Menschen. Vgl. Schüngel-Straumann (1986); Keel (1989) 91.

[69] Gemeinsame Synode (1975) 5.3. Vgl. Neuner (1997) 208f.

[70] Zweites Vatikanisches Konzil, Unitatis redintegratio 1 (DH 4185). Ebd. 4: »Die Spaltungen der Christen sind für die Kirche ein Hindernis … es wird dadurch auch für die Kirche selber schwieriger, die Fülle der Katholizität unter jedem Aspekt in der Wirklichkeit des Lebens auszuprägen.«

[71] Für den Reformierten Weltbund ist eingeladen, wer Jesus Christus liebt und ihn als Herrn und Erlöser bekennt; für die deutschen Lutheraner lädt Christus selbst ein, weshalb niemand das Recht habe, getaufte Christen auszuladen. Genaueres bei Neuner (1997) 209ff.

[72] Vgl. Zweites Vatikanisches Konzil, Unitatis redintegratio 22. – Die Glaubenskongregation (2007) 5 folgert: Die reformatorischen Gemeinschaften, »die vor allem wegen des Fehlens des sakramentalen Priestertums die ursprüngliche und vollständige Wirklichkeit des eucharistischen Mysteriums nicht bewahrt haben, können nicht ›Kirchen‹ im eigentlichen Sinn genannt werden«.

[73] Johannes Paul II. (2003) 44f (DH 5093) schließt die Konzelebration vor erreichter Kirchengemeinschaft kategorisch aus. Für einzelne nicht katholische Christen könne aufgrund einer schweren geistlichen Notlage der Empfang der Eucharistie erlaubt werden. Vgl. CIC can. 844 §§ 2–4 und die differenzierte Haltung der Gemeinsamen Synode (1975) 5.4.2.

[74] Die Enzyklika *Rerum orientalium* (1928) führt die Spaltung zwischen Ost- und Westkirche auf die Schuld beider Seiten zurück. Die Katholiken hätten es an rechter Pflichterfüllung und brüderlicher Liebe fehlen lassen; ihre Kenntnis der orthodoxen Kirchen reiche nicht aus. Vgl. Neuner (1997) 138.

[75] Vgl. Zweites Vatikanisches Konzil, Unitatis redintegratio 7f. Nach 1Joh 1ff seien alle Menschen Sünder: »In Demut bitten wir also Gott und die getrennten Brüder um Verzeihung, wie auch wir unseren Schuldigern vergeben«. Es gebe keine Ökumene ohne Bekehrung des Herzens. Johannes Paul II. (1995) 15.34.82 (DH 5006) stützt sich auf diese Aussagen. Die katholische Kirche müsse in den Dialog der Bekehrung eintreten, auf dem der ökumenische Dialog beruhe.

[76] Zweites Vatikanisches Konzil, Lumen gentium 15 (DH 4139); Hervorhebungen TP.

77 Die tragfähigste Stellungnahme hat die Gemeinsame Synode (1975) 5.5 vorgelegt. Sie kann wegen der Unterschiede im Amtsverständnis »zum gegenwärtigen Zeitpunkt die Teilnahme eines katholischen Christen am evangelischen Abendmahl nicht gutheißen. Es kann jedoch nicht ausgeschlossen werden, dass ein katholischer Christ – seinem persönlichen Gewissensspruch folgend – in seiner besonderen Lage Gründe zu erkennen glaubt, die ihm seine Teilnahme am evangelischen Abendmahl innerlich notwendig erscheinen lassen. Dabei sollte er bedenken, dass eine solche Teilnahme dem inneren Zusammenhang von Eucharistie und Kirchengemeinschaft, besonders im Hinblick auf das Amtsverständnis, nicht entspricht. Bei der Entscheidung, vor die er sich gestellt sieht, darf er weder das Beheimatetsein in der eigenen Kirche gefährden, noch darf seine Entscheidung der Verleugnung des eigenen Glaubens und der eigenen Kirche gleichkommen oder anderen eine solche Deutung nahe legen.«

78 Näheres bei Neuner (1997) 202f (Realpräsenz) und 204ff (Opfer). – In der Schweiz stellt eine jüngere Entwicklung neue Fragen an die ökumenische Feier. Hier versteht sich die Reformierte Kirche als offene Weggemeinschaft und bindet die Teilnahme am Abendmahl ausdrücklich nicht an die Taufe, so dass die Umkehr vor dem Fest verblasst. Die Kirchenordnung Bern-Jura von 1990 etwa legt fest (Art. 38,4): »Zur Teilnahme am Abendmahl sind alle eingeladen, die die Gemeinschaft mit Jesus Christus suchen.« Der Entwurf von 1983 bot sogar (Art. 134,1): »Zum Abendmahl ist grundsätzlich jedermann eingeladen.« In der vorausgehenden Ordnung von 1953 hieß es noch (Art. 54): »Mit der Admission (Konfirmation) erhalten die unterrichteten Glieder der Kirche die Erlaubnis zur Teilnahme am Abendmahl. Die Admission setzt die Taufe voraus.« – Hinter der Entwicklung steht eine Sympathie für die Erwachsenentaufe. In der Praxis geht es vor allem um Kinder, welche den Religionsunterricht besuchen (er wird von den Kirchgemeinden, nicht von den Schulen getragen), und nicht getauft sind, weil die Eltern die Entscheidung offen lassen möchten auf eine mögliche Erwachsenentaufe hin. Man möchte mit diesen Klassen, 3. bis 9. Schuljahr, Abendmahl feiern und sieht es rund um die Pubertät als kaum vermittelbar an, manche nicht zuzulassen. Meist mündet dieser Weg in die Taufe.

79 Vgl. Zweites Vatikanisches Konzil, Gaudium et spes 16. 41 (DH 4316. 4341).

80 Zweites Vatikanisches Konzil, Unitatis redintegratio 3 (DH 4189).

81 Vgl. Rahner (1954–84) XIII 55ff: Dass die Ämter »in ihrer Ausübung in den getrennten Kirchen eine positive Heilsbedeutung haben können, ist nach dem Zweiten Vatikanischen Konzil nicht zu bezweifeln«. Sie sind »auch in ihrer Übertragung (Ordination) und in ihren Amtshandlungen (Eucharistiefeier) sakramental«, weil es »ein Wesensrecht gibt, das dem gesatzten Recht vorausgeht … So etwas ist grundsätzlich auch bei der Kirche

denkbar, weil diese ein Wesen hat, das ihrer rechtlichen Verfasstheit vorausgeht und mit dem ... Heilsereignis in Jesus Christus und dem ... Glauben an ihn gegeben ist ... Wenn wir katholischen Theologen die Pflicht haben, alles gerade noch Denkbare ins Auge zu fassen, was einer Einigung dienlich sein kann, dann sollten wir nicht zu schnell uns mit der traditionellen, aber billigen Antwort auf die Frage nach der Anerkennung der Ämter in den Reformationskirchen begnügen.«

[82] Vgl. Zweites Vatikanisches Konzil, Lumen gentium 11 (DH 4127): Die Eucharistie stellt die Einheit des Volkes Gottes dar *und* bewirkt sie wunderbar.

[83] Vgl. Elert (1954) 143: »Der Grundsatz, dass unzulässige Abendmahlskoinonia die Integrität der Kirchengemeinschaft verletzt, ist überall der gleiche ... die moderne Theorie, dass jemand in einer Kirche andern Bekenntnisses ›gastweise‹ zur Kommunion zugelassen werden ... könne, wo keine volle Kirchengemeinschaft besteht, ist in der alten Kirche unbekannt, ja undenkbar.«

[84] Neuner (2002) 178.

[85] Sermones 340, 1. Zitiert nach Zweites Vatikanisches Konzil, Lumen gentium 32 (DH 4158).

[86] Die pluralistische Theologie der Religionen von Hick (1989) vertritt diese Position. Zur Kritik Ratzinger (2003); Bernhardt (2005).

[87] »Das Wesen des christlichen Glaubens hängt allerdings daran, dass im Wort Gott selbst zu Worte kommt.« Ebeling (1959) 85.

[88] In der theologischen Debatte heißt diese Haltung Inklusivismus. Vgl. zum Folgenden Groß (1989) 37; Kuschel (1994); Axt-Piscalar (2000); Kessler (2003); Bernhardt (2005).

[89] DH 1351: Die Kirche »glaubt fest, bekennt und verkündet, dass niemand, der sich außerhalb der katholischen Kirche befindet, nicht nur keine Heiden, sondern auch keine Juden oder Häretiker und Schismatiker, des ewigen Lebens teilhaft werden können, sondern dass sie in das ewige Feuer wandern werden, das dem Teufel und seinen Engeln bereitet ist, wenn sie sich nicht vor dem Lebensende der Kirche angeschlossen haben ... Und niemand kann, wenn er auch noch so viele Almosen gibt und für den Namen Christi sein Blut vergießt, gerettet werden, wenn er nicht im Schoß und in der Einheit der katholischen Kirche bleibt.«

[90] Vgl. DH 1901. 1927. 1978.

[91] Vgl. Zweites Vatikanisches Konzil, Lumen gentium 14 (DH 4136).

[92] Zweites Vatikanisches Konzil, Nostra aetate (DH 4195–4199); vgl. Lumen gentium 16 (DH 4140).

[93] Vgl. ebd. 16 (DH 4140); Nostra aetate 2 (DH 4196).

[94] Ebd.

[95] Johannes Paul II. (1990) Nr. 28.

[96] Zweites Vatikanisches Konzil, Nostra aetate 2 (DH 4196). – Es ist angemessener, von Hindureligionen statt von Hinduismus zu sprechen: vgl. Waldenfels (1994) 124.

[97] Zweites Vatikanisches Konzil, Nostra aetate 3 (DH 4197).

[98] Im Blick auf das Verhältnis zu Juden und Christen heißt es 5:48: »Und so Allah es wollte, wahrlich er machte Euch zu einer einzigen Gemeinde; doch er will Euch prüfen in dem, was er Euch gegeben. Wetteifert darum im Guten. Zu Allah ist Eure Heimkehr allzumal, und Er wird euch aufklären, worüber ihr uneins seid.«

[99] Mt 27,24–26. Vgl. 23,35 und 1Thess 2,15f.

[100] Zweites Vatikanisches Konzil, Nostra aetate 4 (DH 4198).

[101] Vgl. Langer (2009).

[102] Der schwere Skandal um Bischof Williamson ist nur die Spitze des Eisbergs. Es gibt viele antijudaistische Aussagen von Vertretern der Piusbruderschaft. Ihre Vernetzung mit dem Front National ist allgemein bekannt. – 2007 übernahm die Wiederzulassung des alten Messbuchs Pius V. die Karfreitagsbitte für die Bekehrung der treulosen Juden zunächst unbesehen. Nach Protesten wurde sie gemildert, bittet aber im Gegensatz zur nachkonziliaren Liturgie wieder für die Bekehrung der Juden. Vgl. Klein (2008).

[103] Vgl. zur Übersetzung Fromm (1966) 93–121.

[104] Lessing (1779) Vers 1961ff.

[105] Lessing (1779) V. 2033f. 2015–45. – Noch ohne ethische Pointe, findet sich die Parabel bereits bei Boccaccio (1353).

[106] Zweites Vatikanisches Konzil, Nostra aetate 5 (DH 4199).

[107] Ebd. 2 (DH 4196).

[108] Zweites Vatikanisches Konzil, Nostra aetate 5 (DH 4199).

Rückblick

Im Rückspiegel

Zu Beginn des Buches zeigte sich, dass der Mensch in der pluralistischen Gesellschaft gar nicht anders kann, als seine Identität aus dem Dialog zwischen Innen und Außen zu konstruieren – es sei denn, er zöge sich in ein Getto zurück. Demgegenüber gehen die christlichen Konfessionen von der Gegenwart Gottes als Wort aus, das dem Menschen als Gegenüber entgegentritt. Hinter ihm tritt der Geist faktisch weit zurück. Es zeigte sich, dass eine neue Kommunikationsstrategie und eine neue Sprache erforderlich sind, damit das Christentum im 21. Jahrhundert ankommt.

Den Erfordernissen dieser Kommunikation Rechnung tragend zeigte sich das Christentum als dreifache Gegenwart des Heiligen in der menschlichen Erfahrung: als *Geheimnis,* das im unbegreiflichen Horizont da ist; als *Geist,* der sich etwa als Sehnsucht und Kreativität, als Trost, als Vertrauen, Hoffnung und Liebe in der Innenwelt bemerkbar macht. Dieser Geist wirkt geheimnisvoll zusammen mit dem *Wort,* das im Anspruch des Leidenden, der Eltern, einer Lehrerin, der heiligen Schrift oder eines kirchlichen Verantwortlichen zum Menschen kommt. Nach innen wie nach außen bedarf es dabei einer sorgfältigen Scheidung der Geister. Der Wille Gottes kann im 21. Jahrhundert nicht anders erscheinen als in einem sorgfältigen und kritischen Dialog von Innen und Außen, von Ich und Du, von heutiger Erfahrung und traditioneller Lehre.

Weiter zeigte sich, dass dieser Dialog immer schon in irgendeiner Weise stattfindet. Der Mensch steht immer schon in einer Kommunikation von Sehnsucht und Gegenüber, von Hoffnung und Anerkennung. Von dieser ursprünglichen Kommunikation her versteht sich die christliche Kirche. Sie ist nicht zuerst eine Institution, sondern ein Ereignis: dass nämlich Sehnsucht und Frohe Botschaft, Hoffnung und Gutes Wort miteinander Kontakt finden und sich als sichtbare Gemeinschaft darstellen. Solche Kommunikation gibt es natürlich überall, weit über die Grenzen des Christentums hinaus. Das Christentum bietet nur ein ausdrückliches Bewusstsein dieser Dynamik, die alles trägt.

Nur ein volles Bewusstsein: Das ist nicht alles, aber auch nicht wenig.

Bis hierher passte die dreifaltige Struktur des Christentums mit der Situation der Zeit geradezu erstaunlich gut zusammen. In der Folge jedoch zeigten sich Konflikte um Macht und Amt, die das Antlitz des Christentums erheblich verdunkeln, ja für zahlreiche Zeitgenossinnen unkenntlich machen. Das Gesicht, das die Kirche ihnen zeigt, kann sie kaum auf die Idee bringen, sie könne etwas mit ihrer Sehnsucht zu tun haben. Diese Konflikte ließen sich, nach dem Modell des narzisstischen Rückzugs, mit einer weit zurückliegenden Kränkung in Verbindung bringen. Eine grundsätzliche Neubewertung des Amtes zeigte sich als notwendig, um der Erfahrung des Geistes in jedem Gläubigen und der dialogischen Struktur des Christentums Rechnung zu tragen. Konkrete Schritte einer solchen dialogischen Öffnung zeigten sich im Blick, den die katholische Kirche seit dem Konzil auf die anderen Weltreligionen wirft.

Nur eine katholische Identität?

Auf den Weg zurückblickend, könnte die geneigte Leserin zum Schluss kommen, dieses Buch stelle, seinem Titel zum Trotz, nur eine katholisch-konfessionelle Identität dar. Es zeige wieder nur ein Bruchstück, das nur für manche Christen Bedeutung haben könne. Zwar versuchen zahlreiche Schriftworte, das Christentum des Verfassers als authentische Interpretation der biblischen Botschaft plausibel zu machen; zwar wird die Schrift kritisch auf Tradition und Gegenwart des Christentums bezogen, in welcher Methode man das qualitativ Neue der Reformation erblicken kann.[1] Zwar wird der Standpunkt des Gewissens als Grunddatum des Christentums angesehen. Aber es werden auch die Konzilien zitiert, nicht nur die ersten vier, sondern auch die siebzehn folgenden, welche die Protestanten nicht als verbindlich anerkennen. Schließlich macht der katholische Verfasser aus Wurzeln und Lebenszusammenhang keinen Hehl.

Ja! Dies Buch stellt eine katholische Identität dar. Und nein! Es hätte seinen Sinn verfehlt, wenn es in eine Konfession einführte. Es ist ähnlich wie mit der sexuellen Identität. Ein Mensch spricht entweder als Frau oder als Mann. Sie oder er kann nicht anders und ist doch auf eine größere Menschlichkeit bezogen und verpflichtet. Gerade so kann niemand an seiner konfessionellen Prägung vorbei eine christliche Identität ausdrücken. Sie wird entweder protestantisch, orthodox oder katholisch sein. Die Frage ist nur, ob sie blockhaft daherkommt, oder ob sie durchsichtig ist für die Anliegen und die Eigenart der andern. Entsteht sie also aus dem Dialog oder aus einer trotzigen Beschränkung auf die eigenen Wurzeln? Scheint etwas durch wie eine Identität, die für alle Konfessionen gültig ist? Der Verfasser hofft, dass seine konfessionelle Prägung auf die Leserin etwas durchsichtig und netzartig wirken möge, so dass katholische, evangelische und orthodoxe Identität nicht als einander ausschließende Gegensätze, sondern als beziehungsfähige Standorte vor Augen treten.

Tatsächlich bietet die Herausforderung des Christentums durch die Sprache der individuellen Erfahrung große Chancen. Sie kann zu einer spirituellen Identität zurückführen, die ursprünglicher ist als die konfessionellen Verwerfungen des jüngsten Viertels der Kirchengeschichte. Diese Botschaft der Zeit steht in den gelangweilten Augen der meisten jungen Leute, wenn es um das trennend Konfessionelle geht. Ihnen zeigt sich das Überzeugende des Christentums nur selten kontroverstheologisch. Dafür jedenfalls sprechen viele Erfahrungen, die sich in der Universitätsseelsorge in der Schweiz heute aufdrängen. Auch die große Leuchtkraft von Taizé deutet in diese Richtung.

Die Chance betrifft auch das Wort *katholisch*. Oben trat vor Augen, dass es ursprünglich keine Abgrenzung ausdrückt, sondern im Gegenteil beansprucht, dass jeder gelebte Christusglaube in der einen Kirche Platz habe. Diesem ursprünglichen Sinn folgend möchte der Verfasser von der Hoffnung Zeugnis geben, dass Katholizismus eben mehr sei als eine Konfession, eine Gestalt, von der sich alle Christen repräsentiert fühlen können – wenn die römisch-katholische Kirche es nur von Herzen wollte! Wenn es ihr nicht genügte, eine Konfession unter vielen zu sein, sondern wenn sie alles gerade noch in ihrer Macht Stehende unternähme, um den Glauben aller Christen darzustellen. Wenn sie mit Leidenschaft *katholisch* sein wollte: alle Christen auf der ganzen Welt zusammenführend!

Der Einwand, dass die Wirklichkeit jenen leidenschaftlichen Einsatz vermissen lasse, ist leider nicht leicht zu widerlegen. Die römisch-katholische Kirche zeigt sich in vieler Hinsicht recht zufrieden mit ihrem Status als Konfession, die sich für etwas Besseres hält, nämlich für die einzig wahre Kirche.[2] Bekehrung und Arbeit an der eigenen Position wird von anderen erwartet. Solche Selbstzufriedenheit mit trotzigem Unterton mag es in anderen Konfessionen auch geben. Der Schwarze Peter liegt dennoch bei denen, die den Anspruch erheben, das ursprüngliche Christentum authentisch darzustellen. Von jedem Gesegneten darf ein umso größerer Einsatz erwartet werden. Der Segen ist dafür da, allen zur Erfahrung des Segens zu werden (Gen 12). Wer sich katholisch nennen will, muss mehr wagen und mehr arbeiten. Wer sich katholisch nennt, ist dafür verantwortlich, sich Strukturen des Dialogs und des gegenseitigen Lernens zu geben! Denn nur funktionierende Strukturen des Dialogs können in der Kommunikationsgesellschaft den Anspruch auf Katholizität glaubwürdig machen.

Katholizismus kann und soll mehr sein als eine Konfession. Katholisch sein ist nicht in erster Linie eine Loyalität zu Glaubenssätzen oder kirchenrechtlichen Regeln, sondern die Erfahrung einer großen Hoffnung auf Einheit aller. Der Verfasser wäre nun doch stolz, eine katholische Identität ausgedrückt zu haben, wenn sie dazu beitrüge, dass das schöne Wort katholisch etwas mehr in seinem ursprünglichen Sinn verstanden würde.

Dank

Der erste Dank gilt meinen studentischen und reiferen Hörerinnen und Hörern. Im Licht ihrer kritischen Fragen hat sich vieles geklärt und geschärft. Mehr noch: ihr waches und vor allem kontinuierliches Interesse hat überhaupt erst den Raum eröffnet, in dem meine Ideen zusammenhängend Gestalt gewannen.

Weiter gilt der Dank Jonas Beuchert, dem Grafiker, für die schöne und inspirierende Zusammenarbeit, die dem frohen Zusammenwirken aus Pfadfinderzeiten neu Gestalt gibt. Wertvolle Gesprächspartner haben mich mit ermutigenden Worten auf dem Weg gestärkt, auch in Zeiten von Selbstzweifel, Stagnation und Finsternis. Peter Hünermann hat mir vor Jahren ermöglicht, das wenig versöhnte Zueinander von Psychotherapie und Theologie in einer Promotion zu vertiefen. In der Abfassung dieses Versuchs hat er wiederum geduldig und verständnisvoll an seinem weiten Horizont Anteil gegeben, hat enge Vorstellungen sanft und entschieden geöffnet und Ansätze für eine bessere Positionen gegeben. Außerordentlich dankbar bin ich für die einleitenden Worte, in denen das sehnende Ausgreifen nach der Sprache dieser Zeit die Anerkennung einer reiferen Generation findet.

Katharina Zahn und Franziska Frania danke ich für die sorgfältige Durchsicht des Manuskripts.

Das letzte Wort gilt P. Theophil. Er hat die Verzweiflung des jungen Mannes lange vor ihrem Ausbruch gespürt und hat große Verantwortung übernommen – ohne viel Aufhebens, in seiner österlichen Art. Er ist der Vater meiner Hoffnung, dass Innen- und Außenwelt in neuem Licht doch wieder zueinander finden können. Dass also das Weitergehen Sinn hat.

Anmerkungen

[1] Vgl. Ebeling (1959) 32.

[2] Vgl. Glaubenskongregation (2000) 17 »Die kirchlichen Gemeinschaften hingegen, die den gültigen Episkopat und die ursprüngliche und vollständige Wirklichkeit des eucharistischen Mysteriums nicht bewahrt haben, sind nicht Kirchen im eigentlichen Sinn.« Vgl. (2007) 5.

Literatur

Quellen der Glaubenserkenntnis

Es gibt die Erfahrung Gottes im Wort des anderen – des Leidenden, der Partnerin, des Geschriebenen. Das Wort ist nicht alles, der Geist muss jeweils hinzutreten, damit sich lebendige Kommunikation ereignet. Das Wort ist eine der beiden Hände des Vaters. Innerhalb des Wortes geben die Christen den Stimmen von Bibel und Tradition ein besonderes Gewicht.

Das wichtigste Dokument des christlichen Glaubens – hier sind sich alle Konfessionen einig – ist die Bibel, die Heilige Schrift der Christen[1]. Sie erzählt von Erfahrungen, die Menschen mit ihrem geheimnisvollen Gegenüber gemacht haben, und denkt über sie nach – über mehr als tausend Jahre hinweg. Diese Erfahrungen stehen mitunter in Spannung, ja widersprechen einander. Doch sie haben alle Platz. Die Bibel will keine einheitliche Lehre sein, sie akzeptiert auch Gegensätzliches.

Das Alte Testament haben die Christen mit den Juden gemeinsam. Das Neue Testament bezeugt und reflektiert die gläubige Begegnung mit Jesus von Nazareth. Die Bibel ist eine ganze Bibliothek; sie besteht aus 73 (nach evangelischer Zählung 66) Büchern. Die Bibel wird zitiert mit dem Kürzel des Buches, dem Kapitel und dem Vers. Gen 3,5 bedeutet demnach Buch Genesis, 3. Kapitel, 5. Vers. Die Einführungen in den gängigen Bibelausgaben bieten nähere Information.

Die Bibel ist eine Auswahl aus einem umfangreichen religiösen Schrifttum. Die Christen wählten jene Schriften aus, die so wertvoll waren, dass man sie regelmäßig im Gottesdienst hören wollte. Sie sollten als Quelle und Kriterium des Christlichen dienen. Deshalb fanden von zahlreichen Evangelien nur vier Aufnahme in das Neue Testament. Wie es im Einzelnen zur Einigung auf die 27 neutestamentlichen Bücher gekommen ist, verbirgt das Dunkel der Geschichte. Um das Jahr 200 lag die heutige Liste im Wesentlichen vor; vollständig findet sie sich zuerst bei Athanasius im Jahr 367; dreißig Jahre später, 397, legte erstmals eine lokale Synode die Liste fest.[2]

Die Christen haben die Bibel zusammengestellt als Kriterium, das der Unterscheidung zwischen der Stimme des Guten Hirten und den vielen anderen Stimmen dient. Kanon, Richtschnur, nannten sie diese Zusammenstellung. Es wäre naiv, von einer Richtschnur konkrete, gar wörtlich vorgegebene Problemlösungen für alle möglichen späteren Probleme zu erwarten. Die Bibel empfiehlt nicht, auf eigenes Wahrnehmen, Hinhören und Nachdenken zu verzichten. Sie löst nicht die Probleme späterer Zeiten, sondern befähigt die Christen, eigenständig Lösungen zu entwickeln, die dem Willen Gottes entsprechen.

Ein Handbuch des Schwimmsports versteht man in dem Maß, wie man selbst trainiert. Im regelmäßigen und gemeinsamen Üben gewinnt ein Mensch Anteil am Wissen des Vereins, der Entwicklung der Trainingslehre und der Erfahrung erfolgreicher Schwimmerinnen. In gleicher Weise erschließt sich die Schrift, indem ein Mensch in die lebendige Gotteserfahrung der Christen eintritt und sich regelmäßige Rituale zu eigen macht. Die Gotteserfahrung der Christen ist eine Geschichte. Die lebendige Tradition ist das Milieu, in dem die Schrift erst zeigen kann, was in ihr steckt. Deshalb stützt sich religiöse Erkenntnis nach katholischer Überzeugung auf Schrift und Tradition, und zwar so, dass die Tradition sich an der Schrift messen lässt und sie auslegt.

Ein älterer Mensch kann auf einen Schatz der Erfahrung zurückgreifen, der ihm bei neuen Problemen Lösungswege nahe legt. Auch die Christen haben Erfahrungen gemacht und ihre Entscheidungen und Gebräuche gesammelt in Bezug auf Fragen, die in der Schrift noch nicht gestellt oder nicht eindeutig beantwortet werden. Am wichtigsten sind Lehrentscheidungen von ökumenischen Konzilien (Versammlungen der Bischöfe der ganzen Welt). Die ersten vier Konzilien (325–451) anerkennen alle großen Konfessionen. Zwischen den Konfessionen besteht also kein grundsätzlicher Streit darüber, dass allgemeine Konzilien den biblischen Glauben authentisch ausgedrückt und auf die zeitgenössische Fragestellung hin neu ausgesagt haben. Umstritten ist nur, ob, wann und wie die Konzilien aufgehört haben, das zu tun. Der Gedanke, dass die Christen auf globale Herausforderungen mit einer weltweiten Versammlung reagieren, um zu einer gemeinsamen Antwort zu kommen, ist durchaus zeitgemäß. Zu den Konzilsentscheidungen treten die Entscheidungen der Päpste. Beide sind, in Auswahl und gekürzt, herausgegeben im Kompendium der Glaubensbekenntnisse und kirchlichen Lehrentscheidungen. Zitiert wird nach den Herausgebern Denzinger und Hünermann mit DH und der Nummer des betreffenden Textes.

Eine zentrale Stellung unter diesen Dokumenten nimmt das Glaubensbekenntnis des ökumenischen Konzils von Konstantinopel von 381 ein (DH 150). Es wird als das Glaubensbekenntnis zitiert. Einerseits ist es ein historisches Dokument mit Elementen, die heute nicht mehr ohne Erklärung zugänglich sind. Andererseits drückt es den globalen Konsens der damaligen Christen in Grundfragen aus; es ist bis heute ein Zeugnis lebendiger Gemeinschaft. In ihm finden die meisten Konfessionen ihren Glauben wieder. Noch wichtiger ist, dass es einen festen Platz im Gebetsleben der Christen gefunden hat. Wenn ein Mensch in der Taufe Christ wird, wird dieses oder das etwas kürzere apostolische Glaubensbekenntnis gesprochen. Auch im regelmäßigen Gottesdienst der Orthodoxen, Katholiken und vieler Protestanten hat es einen festen Platz. *Lex orandi lex credendi* – das Gebetsleben soll dem christlichen Bewusstsein seine Struktur geben! Deshalb gehen zahlreiche Einführungen in das Christentum dem Glaubensbekenntnis entlang; auch der vorliegende Versuch, die Identität des Christentums zu beschreiben, folgt der trinitarischen Struktur des Taufbekenntnisses.[3]

Eine dritte Quelle sind seit der Antike große Theologen. Der Fortschritt religiöser Erkenntnis vollzieht sich immer wieder durch Einzelne, die neu aufkommende Fragen authentisch hören und Richtung weisend beantworten. In vielen, aber durchaus nicht allen Jahrhunderten treten solche Gestalten auf. Paulus und die vier Evangelisten im ersten Jahrhundert; Irenäus von Lyon (†202), Basilius (330–379), Augustinus (354–430), Maximus (580–662), Thomas von Aquin (1225–1274), Martin Luther (1483–1546); der Jesuit Karl Rahner (1904–1984) und die Dominikaner Marie-Dominique Chenu (1895–1990) und Yves Congar (1904–1995); die Befreiungstheologen Juan-Luis Segundo (1926–1996) und Gustavo Gutierrez (*1928) sind einige der wichtigsten, auf die sich der vorliegende Versuch bezieht.

Anmerkungen

1 Die in der Bibel gesammelten Schriften sind – gemeinsam mit der lebendigen Erfahrung Gottes in Ritual und Tradition – »die höchste Richtschnur (des) Glaubens, weil sie, von Gott inspiriert und ein für allemal schriftlich aufgezeichnet, das Wort Gottes selbst unwandelbar vermitteln und in den Worten der Propheten und der Apostel die Stimme des Heiligen Geistes widerhallen lassen«. Zweites Vatikanisches Konzil, Dei verbum 21 (DH 4228).

[2] DH 186. Die Diskussion war Ende des 4. Jahrhunderts abgeschlossen. Doch erst das Konzil von Trient legte 1546 die Liste endgültig fest, nachdem Luther bestimmte alttestamentliche Schriften nicht anerkannt und Zweifel an Jakobusbrief und Apokalypse geäußert hatte (DH 1502f).

[3] Basilius, spir., nimmt vor allem Bezug auf die Heilige Schrift, sodann auf das Taufbekenntnis, um die Göttlichkeit des Geistes zu begründen. »Wenn wir, von der Überlieferung der Taufe ausgehend – weil wir der Folgerichtigkeit des Glaubens entsprechend so zu glauben verpflichtet sind, wie wir getauft werden – das Bekenntnis des Glaubens, das der Taufe entspricht, ablegen, so soll man aus der gleichen Folgerichtigkeit heraus uns auch gestatten, den Lobpreis darzubringen, der unserem Glauben entspricht.« spir. 67; vgl. 26. 28. 59f; Sieben (1993) 27. 33; Kretschmar (1979) 99. Aus dem Taufbekenntnis entwickelt Basilius die Struktur des christlichen Betens und Denkens.

Dokumente des kirchlichen Lehramtes

Dokumente des kirchlichen Lehramtes werden, soweit dort aufgenommen, als Fußnote zitiert mit DH + Nummer des Dokuments: Denzinger Heinrich / Hünermann Peter (Hg.) Enchridion symbolorum definitionum et declarationum de rebus fidei et morum. Freiburg ^{40}2005.

Erstes Vatikanisches Konzil (1869/70) *Pastor aeternus*. Dogmatische Konstitution über die Kirche Christi. DH 3050–3075.

Zweites Vatikanisches Konzil (1962–65) *Lumen gentium*. Dogmatische Konstitution über die Kirche. DH 4101–4179.

Unitatis redintegratio. Dekret über den Ökumenismus. Ausschnitte in DH 4185–4192; sonst zitiert nach Lexikon für Theologie und Kirche. Freiburg ^{2}1967, XIII 40–123.

Nostra aetate. Erklärung über die nichtchristlichen Religionen. DH 4195–4199.

Dei verbum. Dogmatische Konstitution über die göttliche Offenbarung. DH 4201–4235.

Gaudium et spes. Pastoralkonstitution über die Kirche in der Welt von heute. DH 4301–4345.

Apostolicam actuasitatem. Dekret über das Laienapostolat. In: Lexikon für Theologie und Kirche. Freiburg ^{2}1967, XIII 585–701.

Gemeinsame Synode der Bistümer in der Bundesrepublik Deutschland (1975) Beschluss Gottesdienst. www.dbk.de/schriften/synode/Dateien/Synode_in_Teilen/06_Gottesdienst.pdf.

Dritte Generalversammlung des lateinamerikanischen Episkopats in Puebla (1979) La evangelización. DH 4610–4635.

34. Generalkongregation der Gesellschaft Jesu (1995) Diener der Sendung Christi (Dekret 2). www.jesuiten.at/GK_34_Dekret_2.pdf.

Glaubenskongregation (1997) Instruktion zu einigen Fragen über die Mitarbeit der Laien am Dienst der Priester. DH 5050–5053.

(2007) Antworten auf Fragen zu einigen Aspekten bezüglich der Lehre über die Kirche. www.vatican.va/roman_curia/congregations/cfaith/documents/rc_con_cfaith_doc_20070629_responsa-quaestiones_ge.html.

Johannes XXIII. (1961) *Humanae salutis.* Bulle zur Einberufung des Konzils. Lat. unter www.vatican.va/holy_father/john_xxiii/apost_constitutions/documents/hf_j-xxiii_apc_19611225_humanae-salutis_lt.html.

(1963) *Pacem in terris.* Enzyklika Freiburg über den Frieden unter allen Völkern in Wahrheit, Gerechtigkeit, Liebe und Freiheit. Gekürzt DH 3955–3997.

Johannes Paul II. (1990) *Redemptoris missio*. Enzyklika. DH 4890–4896. Nr. 28 zitiert nach Verlautbarungen des Apostolischen Stuhls 100, hg. von der Deutschen Bischofskonferenz. Bonn.

(1995) *Ut unum sint*. Enzyklika. www.vatican.va/edocs/DEU0079/__P9.HTM.

(2003) *Ecclesia de Eucharistia*. Enzyklika. DH 5092f.

Codex des Kanonischen Rechtes (CIC) (1983). Kevelaer ^{3}1989.

Katechismus der Katholischen Kirche (1993). München.

Katechismus der Katholischen Kirche: Kompendium (2005). München.

Kirchenordnung der Evangelisch-Reformierten Landeskirche des Kantons Bern. Bern 1953.

Entwurf der Kommission für die Revision Kirchenordnung des Evangelisch-Reformierten Synodalverbandes Bern-Jura. Bern 1983.

Kirchenordnung des Evangelisch-Reformierten Synodalverbandes Bern-Jura vom 11. September 1990. Bern.

Gebetbücher

Gotteslob. Katholisches Gebet- und Gesangbuch. Hg. von den Bischöfen Deutschlands u. a. Stuttgart 1975.

Katholisches Gesangbuch. Gesang- und Gebetbuch der deutschsprachigen Schweiz. Zug 1998.

Magnifikat. Gebet- und Gesangbuch für die Erzdiözese Freiburg. Freiburg 1960.

Väter und Mittelalter

Basilius von Caesarea, Über den Heiligen Geist *(spir.)*. Hg. von Hermann Josef Sieben. Freiburg 1993 (Fontes Christiani 12).

Benedikt von Nursia, Regel. Zürich 1980.

Didache und Traditio apostolica. Hg. von Georg Schöllgen und Wilhelm Geerlings. Freiburg 1991 (Fontes Christiani 1).

Irenäus von Lyon, Adversus Haereses *(haer.)*. Contre les hérésies. Paris 1991.

Johannes vom Kreuz, Die dunkle Nacht. München [9]1992.

Maximus Confessor, Ambigua. Paris 1994.

Thomas von Aquin, Summa Theologiae *(STh.)*. Marietti: Turin o.J.

Renaissance und Aufklärung

Boccaccio Giovanni (1353) Decameron. Zitiert nach Kurt Flasch (1997) (Hg.) Männer und Frauen. Geschichten aus dem Dekameron. München.

Ignatius von Loyola (1553/55) Bericht des Pilgers. Frankfurt 1999.

Lessing Gotthold Ephraim (1779) Nathan der Weise. Berlin 1925.

Luther Martin (1521) Rede auf dem Reichstag zu Worms. Werke I 264–269, hg. von Karin Bornkamm / Gerhard Ebeling. Frankfurt [2]1983.

Theologie und Psychologie des 20. und 21. Jahrhunderts

Adam Karl (1924) Das Wesen des Katholizismus. Düsseldorf ^{2}1925.
Antes Peter (2004) Das Christentum. Eine Einführung. München.
Arnoldshainer Konferenz (2000) (Hg.) Das Wesen des Christentums in seiner evangelischen Gestalt. Neukirchen-Vluyn.
Axt-Piscalar Christine (2000) Evangelischer Glaube und die Frage nach den anderen Religionen. In: Arnoldshainer Konferenz (2000) 87–111.
Balthasar Hans Urs von (1958) Spiritualität. In: Geist und Leben 31, 340–352.
(1965) Wer ist ein Christ? Einsiedeln.
Bärenz Reinhold (1999) Priester sein ist Pfarrer sein. In: Schweizer Kirchenzeitung 39/1999, 529–532.
Batlogg Andreas (2001) Die Mysterien des Lebens Jesu bei Karl Rahner. Innsbruck.
Bausenhart Guido (1992) »In allem uns gleich außer der Sünde«. Studien zum Beitrag Maximos' des Bekenners zur altkirchlichen Christologie. Mainz.
Benz Ernst (1975) Beschreibung des Christentums. Eine historische Phänomenologie. München.
Bernhardt Reinhold (2005) Ende des Dialogs? Die Begegnung der Religionen und ihre theologische Reflexion. Zürich.
Beinert Wolfgang (2002) Kreuzes Zeichen. Das Christentum. Freiburg.
Biser Eugen (1986) Die glaubensgeschichtliche Wende. Graz.
(1997a) Aufriß einer therapeutischen Theologie. In: Geist und Leben 70, 199–209.
(1997b) Einweisung ins Christentum. Düsseldorf.
Blank Josef (1989) Schwört überhaupt nicht. In: Orientierung 53, 97–99.
Boff Leonardo (1988) Kleine Trinitätslehre. Düsseldorf 1990.
(1995) Trinität. In: Ellacuria (1995) I 507–542.
Brantschen Niklaus (2004) Weg der Stille. Orientierung in einer lärmigen Welt. Freiburg.
Breuning Wilhelm (1984) (Hg.) Trinität. Aktuelle Perspekiven der Theologie. Quaestiones disputatae 101. Freiburg.
Bruners Wilhelm (1988) Wie Jesus glauben lernte. Freiburg ^{2}1989.
Chenu Marie-Dominique (1955) Pour une théologie du travail. Paris; dt.: Die Arbeit und der göttliche Kosmos. Mainz 1956.
(1959) St. Thomas d'Aquin et la théologie. Paris.

(1964a) La foi dans l'intelligence. Paris.
(1964b) L'Evangile dans le temps. Paris.
(1965) Les signes des temps. In: Nouvelle Revue Théologique 87, 29–39.
Congar Yves (1979/80) Je crois en l'esprit saint. Bd. I–III, Paris [2]1983–1985. Deutsch: Der Heilige Geist. Freiburg 1982.
(1983) Esprit de l'homme, Esprit de Dieu. Paris.
(1984) Le concile du Vatican II. Son Eglise, Peuple de Dieu et Corps du Christ. Paris.
Cremer Hermann (1901) Das Wesen des Christentums. Gütersloh.
Delgado Mariano (2000) (Hg.) Das Christentum der Theologen im 20. Jahrhundert: vom »Wesen des Christentums« zu den »Kurzformeln des Glaubens«. Stuttgart.
Deutsche Shell Holding (2006) (Hg.) Jugend 2006 – eine pragmatische Generation unter Druck. Hamburg.
Drewermann Eugen (1984) Religionsgeschichtliche und tiefenpsychologische Bemerkungen zur Trinitätslehre. In: Breuning (1984) 115–142.
(1984/85) Tiefenpsychologie und Exegese. 2 Bde. Olten.
(1989) Kleriker. Psychogramm eines Ideals. Olten.
Dolto Françoise / Sévérin Gérard (1981) Les évangiles et la foi au risque de la psychanalyse. Paris 1996.
Dostojewskij Fjodor (1878/80) Die Brüder Karamasow. Übersetzt von Svetlana Geier. Zürich 2003.
Ebeling Gerhard (1959) Das Wesen des christlichen Glaubens. Gütersloh [5]1985.
Edwards David L. (1997) Das Christentum. Die Geschichte seiner ersten zwei Jahrtausende. Würzburg 2001.
Ellacuria Ignacio / Sobrino Jon (1995) (Hg.) Mysterium Liberationis. Grundbegriffe der Theologie der Befreiung. 2 Bde. Luzern.
Elert Werner (1954) Abendmahl und Kirchengemeinschaft in der alten Kirche hauptsächlich des Ostens. Berlin.
Erikson Erik (1968) Jugend und Krise. Die Psychodynamik im sozialen Wandel. München 1988.
Feuerbach Ludwig (1841) Das Wesen des Christentums, [3]1849. Stuttgart 1994.
Fischer Klaus P. (1974) Der Mensch als Geheimnis. Die Anthropologie Karl Rahners. Freiburg.

(1976) »Wo der Mensch an das Geheimnis grenzt«. Die mystagogische Struktur der Theologie Karl Rahners. In: Zeitschrift für katholische Theologie 98, 159–170.

Fohrer Georg (1964) Jesaja 40–66. Zürcher Bibelkomentar AT 19,3. Zürich ^{2}1986.

Forte Bruno (2002) Das Wesen des Christentums. Freiburg i.Ue. 2006.

Freud Sigmund (1905) Drei Abhandlungen zur Sexualtheorie. Frankfurt 1991.

(1920) Jenseits des Lustprinzips. In: Das Ich und das Es. Metapsychologische Schriften. Frankfurt 1992.

Fromm Erich (1947) Psychoanalyse und Ethik. Bausteine zu einer humanistischen Charakterologie. Gesamtausgabe II 1–157. Stuttgart 1980.

(1966) Ihr werdet sein wie Gott. Eine radikale Interpretation des Alten Testaments und seiner Tradition. Gesamtausgabe VI 83–226. Stuttgart 1980.

Fuchs Othmar (2007) Wie lange zögert ihr noch, ihr Bischöfe? In: Theologische Quartalsschrift 187, 77–79.

Görres Albert (1978) Kennt die Psychologie den Menschen? Fragen zwischen Psychotherapie, Anthropologie und Christentum. München ^{2}1986.

Gogarten Friedrich (1956) Was ist Christentum? Göttingen.

Grewel Hans (1980) Christentum – was ist das? Ein Elementarbuch. Stuttgart.

Groß Walter (1989) YHWH und die Religionen der Nicht-Israeliten. In: Theologische Quartalsschrift 169, 34–44.

Grote Heiner (1990) Nochmals: der Treueid der Bischöfe. In: Materialdienst des konfessionskundlichen Instituts Bensheim 41, 34–37.

Grün Anselm (1998) Sehnsucht nach Gott. Zeugnisse junger Menschen. Münsterschwarzacher Kleinschriften 16. Münsterschwarzach.

(2006) Der Glaube der Christen. Münsterschwarzach.

Guardini Romano (1938) Das Wesen des Christentums. Würzburg ^{3}1949.

Gutierrez Gustavo (1986) Aus der eigenen Quelle trinken. Spiritualität der Befreiung. München.

Harnack Adolf von (1900) Das Wesen des Christentums. Leipzig ^{5}1901.

Heiler Friedrich (1920) Das Wesen des Katholizismus. München.

(1923) Der Katholizismus. Seine Idee und seine Erscheinung. München.

Heim Karl (1925) Das Wesen des evangelischen Christentums. Leipzig ²1926.
Heinzer Felix (1980) Gottes Sohn als Mensch. Die Struktur des Menschseins Christi bei Maximus Confessor. Freiburg i. Ue.
Hengel Martin / Schwemer Anna Maria (2001) Der messianische Anspruch Jesu und die Anfänge der Christologie. WUNT 138. Tübingen.
Hick John (1989) An interpretation of religion: human responses to the transcendent. Basingstoke.
Hirsch Emanuel (1938) Das Wesen des Christentums. Ges. Werke 19. Waltrop 2004.
(1963) Das Wesen des reformatorischen Christentums. Ges. Werke 20. Waltrop 2000.
Hoensbroech Paul von (1920) Das Wesen des Christentums. Osterwieck.
Holländischer Katechismus (1966) Glaubensverkündigung für Erwachsene. Freiburg 1969.
Huber Wolfgang (2000) Evangelischer Glaube und die Frage nach der Kirche. In: Arnoldshainer Konferenz (2000) 62–86.
Hünermann Peter (1967) Der Durchbruch geschichtlichen Denkens im 19. Jahrhundert. Johann Gustav Droysen, Wilhelm Dilthey, Graf Paul Yorck von Wartenburg. Ihr Weg und ihre Weisung für die Theologie. Freiburg 1967.
(1975) Kirche und Amt. Marginalien zum Amtsverständnis. In: Geist und Leben 48, 285–299.
(1981) Mit dem Volk Gottes unterwegs. Eine geistliche Besinnung zur Theologie und Praxis des kirchlichen Amtes. In: Geist und Leben 54, 178–187.
(1989) Offenbarung Gottes in der Zeit. Prolegomena zur Christologie. Münster.
(1994) Jesus Christus. Gottes Wort in der Zeit. Eine systematische Christologie. Münster ²1997.
Kasper Walter (1972) Einführung in den Glauben. Mainz ⁴1975.
(1979) (Hg.) Gegenwart des Geistes. Aspekte der Pneumatologie. QD 85. Freiburg.
Keel Othmar (1989) Jahwe in der Rolle der Muttergottheit. In: Orientierung 53, 89–92.
/ Schroer Silvia (2004) Eva, Mutter alles Lebendigen. Frauen- und Götteridole aus dem Alten Orient. Freiburg i. Ue. ²2006.

(2007) L'éternel féminin. Une face cachée du Dieu biblique. Ausstellungskatalog. Freiburg i. Ue.
Kehl Medard (1979) Kirche – Sakrament des Geistes. In: Kasper (1979) 155–180.
(1984) Hinführung zum christlichen Glauben. Mainz.
Kernberg, Otto (1976) Objektbeziehungen und Praxis der Psychoanalyse. Stuttgart [5]1992.
Kessler Hans (2003) Der Geist Gottes in den nichtchristlichen Religionen. In: Nitsche (2003) 145–166.
Klein Nikolaus (2008) Israels Glaubenszeugnis und die Kirche. Die Neuformulierung der Karfreitagsbitte und ihre ekklesiologische Bedeutung. In: Orientierung 72, 82–84.
Kretschmar Georg (1979) Der Heilige Geist in der Geschichte. Grundzüge frühchristlicher Pneumatologie. In: Kasper (1979) 92–130.
Kreusch, Irina (2006) Das Bischofsamt innerhalb der Communio: eine Standortbestimmung anhand des bischöflichen Treueides / In: Breitsching Konrad u. a. (Hg.), Recht – Bürge der Freiheit. FS J. Mühlsteiger, Berlin, 585–598.
Kroeger Matthias (2004) Im religiösen Umbruch der Welt: der fällige Ruck in den Köpfen der Kirche: über Grundriss und Bausteine des religiösen Wandels im Herzen der Kirche. Stuttgart [2]2005.
Kirchschläger Walter (2007) Ohne Einschränkung durch Geschlecht und Lebensstand. Zur biblischen Grundlegung kirchlicher Dienste. In: Orientierung 71, 31–36.
Klauck Hans-Josef (1986) Der Zweite Korintherbrief. Neue Echter Bibel Bd. 8, Würzburg [3]1994.
Der Koran. Aus dem Arabischen übersetzt von Max Henning. Stuttgart 1960.
Kosch Daniel (2007) Das Kreuz der Kirche mit der Demokratie. In: Orientierung 71, 168–174.
Küng Hans (1974) Christ sein. München.
(1992) Einführung in den christlichen Glauben: das Apostolische Glaubensbekenntnis – Zeitgenossen erklärt. München 2006.
(1994) Das Christentum: Wesen und Geschichte. München.
(2007) Umstrittene Wahrheit. München.
Kunz Claudia Edith (1996) Schweigen und Geist. Biblische und patristische Studien zu einer Spiritualität des Schweigens. Freiburg.
Kuschel Karl-Josef (1994) (Hg.) Christentum und nichtchristliche Religionen. Theologische Modelle im 20. Jahrhundert. Darmstadt.

Langer Jens (2009) Anerkennung kirchlicher Verstrickung in die Shoah. In: Orientierung 73, 99–103.
Larentzakis Grigorios (1984) Trinitarisches Kirchenverständnis. In: Breuning (1984) 73– 96.
Lehmann Karl (1979) Heiliger Geist, Befreiung zum Menschsein – Teilhabe am göttlichen Leben. Tendenzen gegenwärtiger Gnadenlehre. In: Kasper (1979) 181–204.
Luz Ulrich (1990) Das Evangelium nach Matthäus (8–17). Evangelisch-katholischer Kommentar I/2. Zürich.
(2004) Paul as mystic. In: G.N. Stanton, B.W. Longenecker, S.C. Barton (Hg.), The Holy Spirit and Christian Origins. FS J.D.G. Dunn. Grand Rapids, 131–143. Zitiert nach dem dt. Manuskript d. V.
Maas Fritz (1978) Was ist Christentum? Tübingen.
Martini Carlo Maria / Sporschill Georg (2008) Jerusalemer Nachtgespräche. Über das Risiko des Glaubens. Freiburg.
Maureder Josef (2004) Wir kommen, wohin wir schauen. Berufung leben heute. Innsbruck ^{2}2005.
Möhler Johann Adam (1825) Die Einheit in der Kirche oder das Prinzip des Katholizismus. Dargestellt im Geiste der Kirchenväter der ersten drei Jahrhunderte. Mainz 1925.
Moltmann Jürgen (1991) Der Geist des Lebens. Eine ganzheitliche Pneumatologie. München.
Mühlen Heribert (1979) Der gegenwärtige Aufbruch der Geisterfahrung und die Unterscheidung der Geister. In: Kasper (1979) 24–53.
Müller Wunibald (2008) Atme in mir. Die Wirklichkeit des Heiligen Geistes. Münsterschwarzacher Kleinschriften 165. Münsterschwarzach.
Neuner Peter (1997) Ökumenische Theologie. Darmstadt.
/ Kleinschwärzer-Meister Birgitta (2002) Kleines Handbuch der Ökumene. Düsseldorf ^{2}2002.
Nitsche Bernhard (2003) (Hg.) Atem des sprechenden Gottes. Einführung in die Lehre vom Heiligen Geist. Regensburg.
Nowak Kurt (1997) Das Christentum. Geschichte, Glaube, Ethik. München.
Oeing-Hanhoff Ludger (1984) Trinitarische Ontologie und Metaphysik der Person. In: Breunig (1984) 143–182.
Panikkar Raimon (1993) Trinität. München ^{5}1997.
(1995) Der Dreiklang der Wirklichkeit. Salzburg.
Pesch Otto Hermann (1970) Rechenschaft über den Glauben. Mainz.

(1988) Thomas von Aquin. Grenze und Größe mittelalterlicher Theologie. Mainz [2]1989.
Philipp Thomas (1997) Die theologische Bedeutung der Psychotherapie. Eine systematisch-theologische Studie auf der Grundlage der Anthropologie Alexander Mitscherlichs. Freiburg.
(1999) Scham und Negation. Zur Theologie des Scheiterns. In: Geist und Leben 72, 84–96.
(2000) Schlange, Angst und Selbsterfahrung. Eine Psychologie der Sünde. St. Ottilien.
(2001) Zeichen der Zeit oder Todessehnsucht des Amtes? Eine theologische Wertung der Seelsorgeeinheiten. In: Orientierung 65, 21–24.
(2006) Erfahrung des Heiligen Geistes? An der Grenze des Wahrheitsbegriffs Joseph Ratzingers. In: Orientierung 70, 91–95.
(2007) Erfahrungen als Jugendseelsorger. In: Orientierung 71, 195f.
(2009) Ein Jahrhundert christlicher Identität. In: Orientierung 73, 193–198.
Prodi Paolo (1992) Das Sakrament der Herrschaft. Der politische Eid in der Verfassungsgeschichte des Okzidents. Berlin 1997.
Ratzinger Josef (1968a) Einführung in das Christentum. München.
(1968b) Kommentar zu Gaudium et spes 11–22. In: Lexikon für Theologie und Kirche. Freiburg [2]1968, XIV 313–354.
(1985) Zur Lage des Glaubens. Ein Gespräch mit Vittorio Messoni. München u. a.
(1991) Wendezeit für Europa? Diagnosen und Prognosen zur Lage von Kirche und Welt. Einsiedeln.
(2003) Glaube, Wahrheit, Toleranz. Das Christentum und die Weltreligionen. Freiburg [3]2004.
(2006) Glaube, Vernunft und Universität. Erinnerungen und Reflexionen. In: Benedikt XVI. (2006) Glaube und Vernunft. Die Regensburger Vorlesung. Freiburg, 11–32.
Rahner Hugo (1964) Ignatius von Loyola als Mensch und Theologe. Freiburg.
Rahner Karl (1946) Von der Not und dem Segen des Gebetes. München.
(1954–84) Schriften zur Theologie. Bd. I–XVI. Zürich.
(1967a) Art. Christentum. In: Ders. u. a. (Hg.), Sacramentum mundi I 720–744. Freiburg.
(1967b) Der dreifaltige Gott als transzendenter Urgrund der Heilsgeschichte. In: Feiner Johannes / Löhrer Magnus (Hg.), Mysterium

Salutis. Grundriss heilsgeschichtlicher Dogmatik Bd. 2. Einsiedeln u. a. 1967, 317–401.
(1968) Gnade als Freiheit. Freiburg.
(1971) Chancen des Glaubens: Fragmente einer modernen Spiritualität. Freiburg.
(1972) Strukturwandel der Kirche als Aufgabe und Chance. Freiburg.
(1974) Wagnis des Christen. Geistliche Texte. Freiburg.
(1976) Grundkurs des Glaubens. Einführung in den Begriff des Christentums. Freiburg.
(1977) Erfahrung des Geistes. Meditation zu Pfingsten. Freiburg.
(1982) Praxis des Glaubens. Freiburg.
(1991) Karl Rahner im Gespräch mit Meinold Krauss. Stuttgart.
Rendtorff Trutz (1972) Theorie des Christentums. Historisch-theologische Studien zu seiner neuzeitlichen Verfassung. Gütersloh.
(1999) (Hg.) Adolf von Harnack, Das Wesen des Christentums. Gütersloh.
Rohls Jan u. a. (2003) (Hg.) Das Wesen des Christentums. Göttingen.
Röper Anita (1987) Karl Rahner als Seelsorger. Innsbruck.
Rouet Albert (2009) J'aimerais vous dire. Entretien avec Dennis Gira. Montrouge.
Schäfer Rolf (1968) Welchen Sinn hat es, nach einem Wesen des Christentums zu fragen? Zeitschrift für Theologie und Kirche 65, 329–347.
(1971) Art. Christentum, Wesen des Christentums. In: Joachim Ritter u. a. (Hg.), Historisches Wörterbuch der Philosophie I 1008–1016. Basel.
Schmaus Michael (1947) Vom Wesen des Christentums. Ettal ³1954.
Schmitz Heribert (1988) ›Professio fidei‹ und ›Iusiurandum fidelitatis‹, Glaubensbekenntnis und Treueid – Wiederbelebung des Antimodernisteneids? In: Archiv für Katholisches Kirchenrecht 157, 353–429.
Schönfeld Andreas (2002) (Hg.) Spiritualität im Wandel: Leben aus Gottes Geist. Festschrift zum 75. Jahrgang von ›Geist und Leben‹. Würzburg.
Schröder Markus (1996) Die kritische Identität des neuzeitlichen Christentums. Schleiermachers Wesensbestimmung der christlichen Religion. Tübingen.
Schüngel-Straumann Helen (1986) Gott als Mutter in Hosea 11. In: Theologische Quartalsschrift 166, 119–134.

Schütz Christian (1985) Einführung in die Pneumatologie. Darmstadt.
Segundo Juan Luis (1976) Liberation of Theology. Maryknoll.
(1988) Le christianisme de Paul. L'histoire retrouvée. Paris.
(1995a) Offenbarung, Glaube und Zeichen der Zeit. In: Ellacuria (1995) I 433–460.
(1995b) Freiheit und Befreiung. In: Ellacuria (1995) I 361–381.
Seidler Günter (1995) Der Blick des Anderen. Eine Analyse der Scham. Stuttgart.
(1997) Scham und Schuld. In: Zeitschrift für Psychosomatische Medizin und Psychoanalyse 43, 119–137.
Sieben Hermann Josef (1993) Einleitung. In: Ders. (Hg.), Basilius von Caesarea, Über den Heiligen Geist. Freiburg, 7–70.
Sobrino Jon (1997) Befreiende Evangelisierung. In: Schönfeld (2002) 318–332.
Söhngen Gottlieb (1944) Vom Wesen des Christentums. In: Ders., Die Einheit in der Theologie. München 1952, 288–304.
Sölle Dorothee (1971) Das Recht, ein anderer zu werden. Neuwied.
Steffel Wolfgang (2002) Identität im Glauben. Eine systematisch-theologische Reflexion auf die Subjektkonstitution von Jugendlichen in der Postmoderne. Stuttgart.
Troeltsch Ernst (1903) Was heißt Wesen des Christentums? Ges. Schriften II 386–451. Tübingen 1913.
Vattimo Gianni (2002) Jenseits des Christentums. Gibt es eine Welt ohne Gott? München 2004.
Vorgrimler Herbert / van der Gucht Robert (1970) (Hg.) Bilanz der Theologie im 20. Jahrhundert. Ergänzungsband: Bahnbrechende Theologen. Freiburg.
Wagenhammer Hans (1973) Das Wesen des Christentums. Eine begriffsgeschichtliche Untersuchung. Mainz.
Waldenfels Hans (1994) Phänomen Christentum. Eine Weltreligion in der Welt der Religionen. Freiburg.
Weismayer Josef (2004) Unterscheidung der Geister – Unterscheidung der Spiritualitäten. In: Zulehner Paul (Hg.), Spiritualität – mehr als ein Megatrend. Ostfildern 2004, 189–203.
Welte Bernhard (2008) Zur Frage nach Gott. Ges. Schriften III / 3. Freiburg.
Welker Michael (1992) Gottes Geist: Theologie des Heiligen Geistes. Neukirchen-Vluyn ²1993.
Wenzel Knut (2007) Vernünftiger Glaube. Bemerkungen zur Regensburger Vorlesung Papst Benedikt XVI. In: Orientierung 70, 215–219.